교과서 한자 ... |비

하루 한장 **한자** 학습 계획표 2-1 7급

매일매일 공부하는 습관이 중요합니다.
학습 계획을 세우고, 한자의 훈과 음을 말해 보며 실력을 확인해 보세요.

날짜		한자	학습 계획일		확인	
1주	1일	口	월	일	훈	음
	2일	面	월	일	훈	음
	3일	心	월	일	훈	음
	4일	川	월	일	훈	음
	5일	夕	월	일	훈	음
2주	1일	天	월	일	훈	음
	2일	地	월	일	훈	음
	3일	然	월	일	훈	음
	4일	花	월	일	훈	음
	5일	草	월	일	훈	음
3주	1일	出	월	일	훈	음
	2일	入	월	일	훈	음
	3일	文	월	일	훈	음
	4일	字	월	일	훈	음
	5일	語	월	일	훈	음
4주	1일	春	월	일	훈	음
	2일	夏	월	일	훈	음
	3일	秋	월	일	훈	음
	4일	冬	월	일	훈	음
	5일	色	월	일	훈	음
5주	1일	老	월	일	훈	음
	2일	少	월	일	훈	음
	3일	主	월	일	훈	음
	4일	夫	월	일	훈	음
	5일	祖	월	일	훈	음

날짜		한자	학습 계획일		확인	
6주	1일	百	월	일	훈	음
	2일	千	월	일	훈	음
	3일	數	월	일	훈	음
	4일	算	월	일	훈	음
	5일	同	월	일	훈	음
7주	1일	問	월	일	훈	음
	2일	休	월	일	훈	음
	3일	林	월	일	훈	음
	4일	植	월	일	훈	음
	5일	村	월	일	훈	음
8주	1일	住	월	일	훈	음
	2일	所	월	일	훈	음
	3일	邑	월	일	훈	음
	4일	里	월	일	훈	음
	5일	洞	월	일	훈	음
9주	1일	有	월	일	훈	음
	2일	來	월	일	훈	음
	3일	育	월	일	훈	음
	4일	登	월	일	훈	음
	5일	重	월	일	훈	음
10주	1일	便	월	일	훈	음
	2일	紙	월	일	훈	음
	3일	命	월	일	훈	음
	4일	歌	월	일	훈	음
	5일	旗	월	일	훈	음

한자로 완성하는 _____의 만리장성

↑ 이름을 쓰세요.

시작!

1주 1일

1주 2일

4주 5일

4주 3일

4주

4주 4일

4주 2일

5주 1일

5주 2일

5주 3일

5주 4일

6주 4일

6주 5일

7주 1일

5주 5일

6주 1일

9주 3일

9주 2일

6주 2일

6주 3일

9주 4일

9주 5일

10주 1일

2-1 7급
하루한장 한자

口 面 心 川 夕 天 地

夏 秋 冬 色 老 少 主 夫

植 村 住 所 邑 里 洞 有

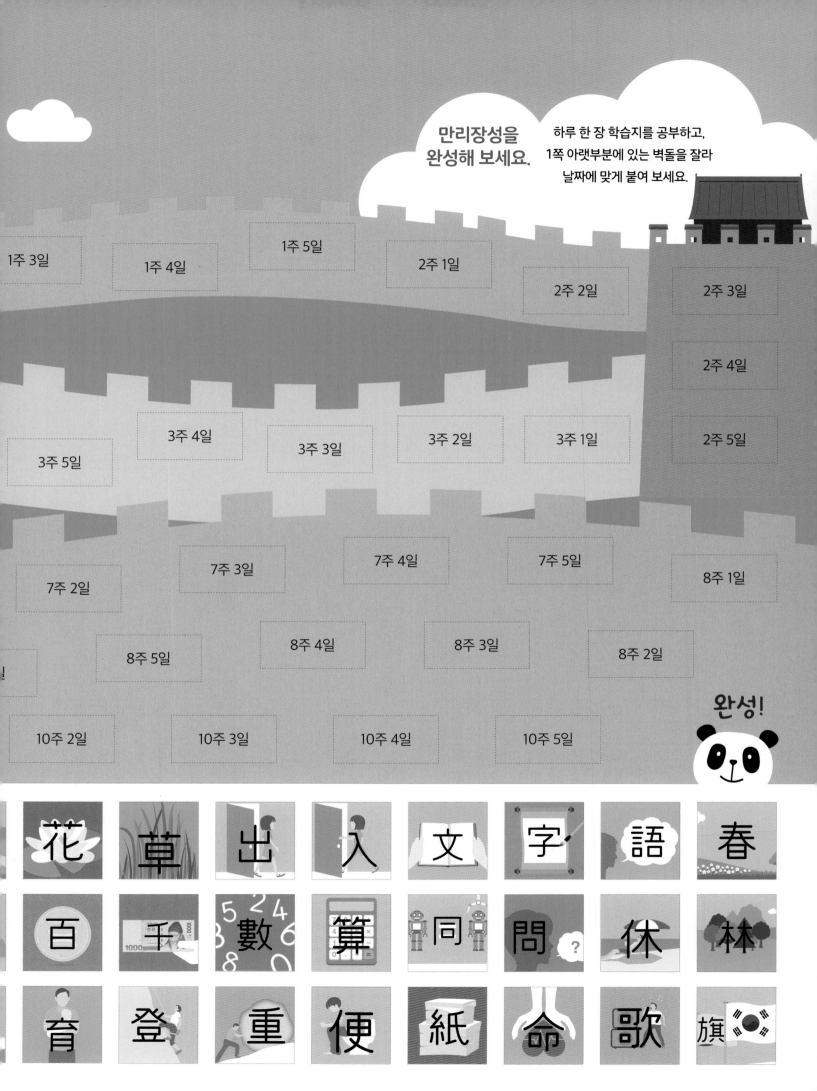

하루한장 한자 한눈에 보기

1-1 (8급)

주					
1주	日 일	月 월	山 산	水 수	火 화
2주	一 일	二 이	三 삼	四 사	五 오
3주	人 인	大 대	小 소	女 녀	王 왕
4주	六 륙	七 칠	八 팔	九 구	十 십
5주	東 동	西 서	南 남	北 북	中 중
6주	父 부	母 모	兄 형	弟 제	外 외
7주	木 목	金 금	土 토	靑 청	白 백
8주	長 장	寸 촌	先 선	生 생	民 민
9주	萬 만	年 년	韓 한	國 국	軍 군
10주	學 학	校 교	門 문	敎 교	室 실

1-2 (7급 II)

주					
1주	手 수	足 족	自 자	力 력	子 자
2주	上 상	下 하	左 좌	右 우	內 내
3주	男 남	孝 효	安 안	家 가	道 도
4주	工 공	車 거	立 립	平 평	不 불
5주	江 강	海 해	姓 성	名 명	動 동
6주	前 전	後 후	時 시	空 공	間 간
7주	市 시	午 오	直 직	話 화	記 기
8주	正 정	世 세	全 전	方 방	活 활
9주	電 전	氣 기	食 식	事 사	物 물
10주	答 답	每 매	農 농	場 장	漢 한

2-1 (7급)

주					
1주	口 구	面 면	心 심	川 천	夕 석
2주	天 천	地 지	然 연	花 화	草 초
3주	出 출	入 입	文 문	字 자	語 어
4주	春 춘	夏 하	秋 추	冬 동	色 색
5주	老 로	少 소	主 주	夫 부	祖 조
6주	百 백	千 천	數 수	算 산	同 동
7주	問 문	休 휴	林 림	植 식	村 촌
8주	住 주	所 소	邑 읍	里 리	洞 동
9주	有 유	來 래	育 육	登 등	重 중
10주	便 편	紙 지	命 명	歌 가	旗 기

2-2 (6급 II)

주					
1주	身 신	體 체	始 시	作 작	果 과
2주	淸 청	風 풍	光 광	明 명	堂 당
3주	利 리	用 용	注 주	意 의	勇 용
4주	昨 작	今 금	反 반	省 성	消 소
5주	部 부	分 분	高 고	等 등	線 선
6주	音 음	樂 락	發 발	表 표	弱 약
7주	幸 행	運 운	神 신	童 동	放 방
8주	現 현	代 대	各 각	班 반	急 급
9주	公 공	共 공	集 집	計 계	雪 설
10주	會 회	社 사	半 반	球 구	理 리

3-1 (6급 II + 6급)

주					
1주	業 업	界 계	成 성	功 공	才 재
2주	新 신	聞 문	讀 독	書 서	庭 정
3주	圖 도	形 형	戰 전	術 술	題 제
4주	對 대	角 각	短 단	信 신	窓 창
5주	飮 음	藥 약	科 과	第 제	和 화
6주	太 태	陽 양	石 석	油 유	強 강
7주	言 언	行 행	失 실	禮 례	習 습
8주	區 구	別 별	合 합	席 석	多 다
9주	交 교	感 감	親 친	近 근	愛 애
10주	衣 의	服 복	根 근	本 본	由 유

3-2 (6급)

주					
1주	晝 주	夜 야	永 영	遠 원	朝 조
2주	特 특	定 정	苦 고	待 대	向 향
3주	通 통	路 로	開 개	園 원	郡 군
4주	勝 승	者 자	頭 두	目 목	使 사
5주	溫 온	度 도	米 미	美 미	畫 화
6주	在 재	野 야	李 리	朴 박	京 경
7주	綠 록	黃 황	洋 양	樹 수	銀 은
8주	病 병	死 사	例 례	式 식	孫 손
9주	番 번	號 호	古 고	速 속	族 족
10주	級 급	訓 훈	章 장	英 영	醫 의

4-1 5급 II 4-2 5급 II + 5급 5-1 5급 + 4급 II 5-2 4급 II 6-1 4급 II 6-2 4급 II

하루한장 한자 지도 방법 2-1 7급

1 오늘 배울 한자

- 어제 배운 한자의 훈과 음을 써 보며 한 번 더 복습해 주세요.
- 오늘 배울 한자는 그림을 보며 한자 모양과 뜻을 연상할 수 있도록 설명해 주세요.

2 한자 익히기

- 설명을 읽고, 한자의 뜻을 쉽게 이해할 수 있도록 해 주세요.
- 훈과 음을 소리 내어 읽으며 한자를 필순에 맞게 쓸 수 있도록 해 주세요.

3 교과서 어휘 및 급수 시험 유형 문제

- 교과서에 나오는 한자 어휘의 뜻을 알고, 예문을 통해 쉽게 익힐 수 있도록 해 주세요.
- 한자능력검정시험 유형 문제를 풀며 급수 시험을 대비할 수 있도록 해 주세요.

4 교과 학습 연계 및 활동

- 한자와 관련된 교과 내용의 재미있는 이야기나 활동으로 학습의 재미를 더해 주세요.
- 한국, 중국, 일본의 한자를 비교해 보고, QR 코드를 통해 발음을 들려주세요.

하루 한장 한자

2-1 7급

급수 시험 유형 문제 & 교과서通 한자王

정답

하루 한 장 학습지 안에 수록된
QR 코드를 통해서도
정답을 확인할 수 있습니다.

1주 1일	1 인구	2 입 구	3 ②
1주 2일	1 장면	2 ③	3 ①
1주 3일	1 안심	2 마음 심	3 ③
1주 4일	1 산천	2 ③	3 ②
[한자王]	川		
1주 5일	1 추석	2 저녁 석	3 ①
2주 1일	1 천지	2 하늘 천	3 ②
2주 2일	1 지방	2 ②	3 ③
2주 3일	1 자연	2 그럴 연	3 ②
2주 4일	1 화초	2 ②	3 ③
2주 5일	1 초식	2 풀 초	3 ③

3주 1일	1 출생	2 날 출	3 ③
3주 2일	1 입장	2 ③	3 ②
[한자王]	6(개)		
3주 3일	1 한문	2 글월 문	3 ①
3주 4일	1 문자	2 ②	3 ③
3주 5일	1 외래어	2 말씀 어	3 ①
4주 1일	1 청춘	2 봄 춘	3 ①
4주 2일	1 입하	2 ②	3 ②
[한자王]	슬기, 우주		
4주 3일	1 추수	2 가을 추	3 ①
4주 4일	1 입동	2 ②	3 ③
4주 5일	1 금색	2 빛 색	3 ①

5주 1일	1 노인	2 늙을 로	3 ①
5주 2일	1 노소	2 ②	3 ①
5주 3일 [한자王] 主	1 주인	2 주인 주	3 ①
5주 4일 [한자王] ①-ⓒ-㉮, ②-㉠-㉣, ③-㉣-㉰, ④-ⓛ-㉯	1 공부	2 ①	3 ②
5주 5일	1 조상	2 할아비 조	3 ②

6주 1일	1 백일	2 일백 백	3 ②
6주 2일	1 천만	2 ③	3 ①
6주 3일	1 수학	2 셈 수	3 ③
6주 4일 [한자王] ① 六(6), ② 一(1), ③ 七(7), ④ 四(4)	1 계산	2 ②	3 ①
6주 5일 [한자王] ①-㉣, ②-㉠, ③-ⓛ, ④-ⓒ	1 동시	2 한가지 동	3 ③

7주 1일	1 문안	2 물을 문	3 ②
7주 2일	1 휴일	2 ③	3 ②
7주 3일 [한자王]	1 산림	2 수풀 림	3 ②
7주 4일	1 식물	2 ①	3 ②
7주 5일	1 농촌	2 마을 촌	3 ③

8주 1일 [한자王] 衣-⑥, 食-②, 住-④	1 주소	2 살 주	3 ①
8주 2일	1 장소	2 ③	3 ②
8주 3일	1 읍내	2 고을 읍	3 ③
8주 4일	1 이장	2 ②	3 ①
8주 5일	1 동구	2 골 동	3 ①

9주 1일	1 유명	2 있을 유	3 ②
9주 2일	1 내일	2 ②	3 ③
9주 3일 [한자王]	1 교육	2 기를 육	3 ②
9주 4일 [한자王] ①-ⓒ, ②-㉠, ③-ⓜ, ④-ⓛ, ⑤-㉣	1 등교	2 ③	3 ①
9주 5일	1 소중	2 무거울 중	3 ③

10주 1일	1 편리	2 편할 편 / 똥오줌 변 3 ②	
10주 2일	1 색지	2 ①	3 ③
10주 3일 [한자王] ①, ④	1 명중	2 목숨 명	3 ③
10주 4일	1 교가	2 ①	3 ③
10주 5일	1 기수	2 기 기	3 ③

제1회 한자능력검정시험 7급 정답

1 간식	2 하교	3 목수	4 식구	5 노모	6 심중	7 좌우	8 추석
9 매일	10 시간	11 청춘	12 천년	13 산수	14 하차	15 백지	16 대지
17 초목	18 산천	19 동해	20 생기	21 강남	22 농부	23 왕자	24 장남
25 성명	26 제자	27 생명	28 조부	29 명소	30 교내	31 촌장	32 시립
33 집 가	34 움직일 동	35 오를 등	36 백성 민	37 아닐 불	38 북녘 북	39 인간 세	40 무거울 중
41 주인 주	42 편안 안	43 하늘 천	44 흙 토	45 앞 전	46 바를 정	47 발 족	48 효도 효
49 불 화	50 기 기	51 올 래	52 물을 문	53 ①	54 ③	55 ⑩	56 ⑧
57 ⑥	58 ⑨	59 ⑤	60 ②	61 ③	62 ④	63 ⑦	64 ①
65 ④	66 ①	67 ③	68 ②	69 ⑥	70 ⑦		

제2회 한자능력검정시험 7급 정답

1 농사	2 동물	3 휴일	4 유명	5 가수	6 등교	7 내년	8 안심
9 직립	10 정면	11 평지	12 공간	13 소중	14 편지	15 장문	16 효심
17 정자	18 부족	19 인사	20 기색	21 해군	22 전력	23 시민	24 일기
25 국기	26 공장	27 입춘	28 자연	29 추석	30 선인	31 외국어	32 천자문
33 작을 소	34 길 도	35 문 문	36 수풀 림	37 강 강	38 동녘 동	39 골 동	40 마을 리
41 임금 왕	42 살 활	43 꽃 화	44 뒤 후	45 기를 육	46 아우 제	47 다섯 오	48 집 실
49 때 시	50 윗 상	51 가운데 중	52 살 주	53 ①	54 ④	55 ③	56 ①
57 ⑤	58 ②	59 ⑩	60 ⑨	61 ⑥	62 ④	63 ⑦	64 ⑧
65 ①	66 ②	67 ④	68 ③	69 ⑧	70 ⑤		

본 교재는 사단법인 한국어문회의 한자 기준으로 만들었습니다.
한자능력검정시험 일정 및 접수 방법과 관련된 내용은 한국어문회(https://www.hanja.re.kr)를 참고하기 바랍니다.

8급	漢字 學習 동기 부여를 위한 급수(상용한자 50자) [1-1]
7급Ⅱ	기초 常用漢字 활용의 초급 단계(상용한자 100자) [1-2]
7급	기초 常用漢字 활용의 초급 단계(상용한자 150자) [2-1]
6급Ⅱ	기초 常用漢字 활용의 중급 단계(상용한자 225자, 쓰기 50자) [2-2, 3-1]
6급	기초 常用漢字 활용의 고급 단계(상용한자 300자, 쓰기 150자) [3-1, 3-2]
5급Ⅱ	중급 常用漢字 활용의 초급 단계(상용한자 400자, 쓰기 225자) [4-1, 4-2]
5급	중급 常用漢字 활용의 초급 단계(상용한자 500자, 쓰기 300자) [4-2, 5-1]
4급Ⅱ	중급 常用漢字 활용의 중급 단계(상용한자 750자, 쓰기 400자) [5-1, 5-2, 6-1, 6-2]

*하루 한 장 한자 4급Ⅱ(750자)까지 학습하면 초등 교육 과정과 서울특별시 교육청 초등 한자 600자를 모두 익힐 수 있습니다.

*상위 급수 한자는 하위 급수 한자를 모두 포함하고 있습니다.

*쓰기 배정 한자는 한두 급수 아래의 읽기 배정 한자이거나 해당 급수 범위 내에 있습니다.

오늘 배울 한자를 만나 봅시다.

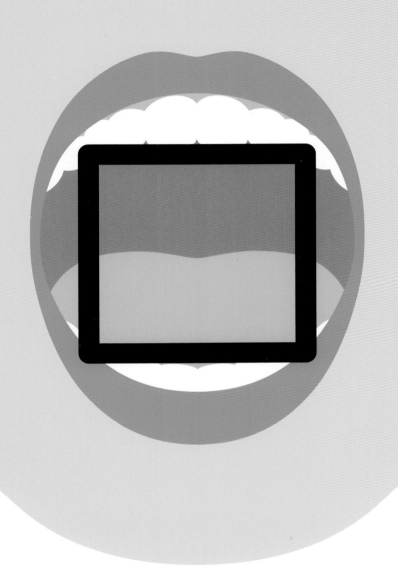

입을 뜻하고

구라고 읽어요.

□ 입구

口

입 구

7급 | 부수 口 | 총 3획

{ 사람이 입을 크게 벌린 모양을 따라 만든 글자로, '입'을 뜻합니다. '口'가 한자의 부수로 쓰이면 말하거나 먹는 일과 관련된 뜻을 가집니다. }

순서에 맞게 한자를 써 봅시다.

丨 冂 口

입구	입구	입구	입구
입구	입구	입구	입구
입구	입구	입구	입구

오늘 배운 한자가 쓰인 단어의 뜻을 알아보고, 예문을 읽어 봅시다.

국어 인 口
人 사람 인

뜻 한곳에 사는 사람의 수.
예문 서울에는 **인구**가 집중되어 있습니다.

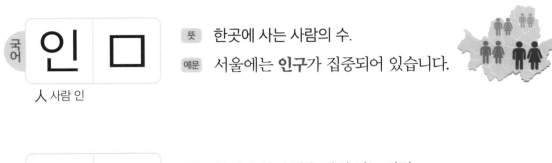

여름 식 口
食 먹을 식

뜻 한집에 살며 밥을 같이 먹는 사람.
예문 저녁에는 **식구**들이 다 함께 모여 밥을 먹습니다.

안전 출 입 口
出 날 출   入 들 입

뜻 나가거나 들어오는 문.
예문 기차에서 위급한 상황이 생겼을 때는 승무원의 안내에 따라 **출입구**로 나갑니다.

급수 시험 유형 문제

정답 확인

1 다음 밑줄 친 한자어의 음을 쓰세요.

농촌의 <u>人口</u>가 점점 줄어들고 있습니다.

2 다음 한자의 훈(뜻)과 음(소리)을 쓰세요.

口

3 다음 밑줄 친 단어의 한자어를 〈보기〉에서 찾아 그 번호를 쓰세요.

〈보기〉   ① 入口   ② 食口   ③ 人口

우리 집 <u>식구</u>는 모두 네 명입니다.

정답 쓰기

1

2
훈
음

3

세계에서 인구가 가장 많은 나라

人 口

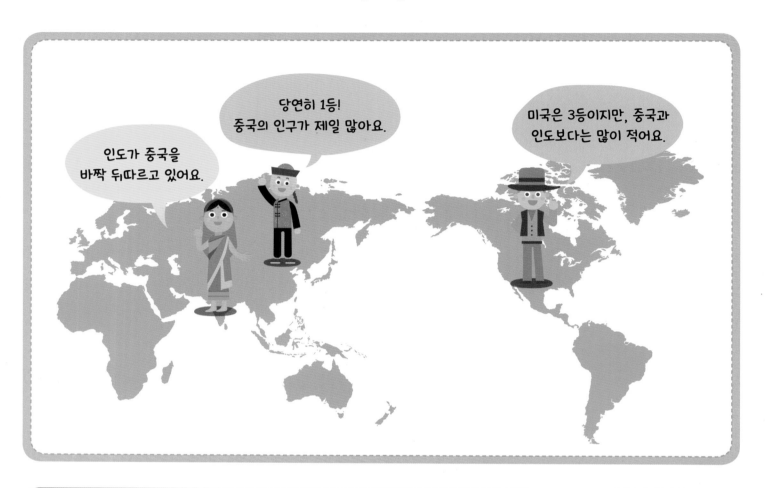

인도가 중국을 바짝 뒤따르고 있어요.

당연히 1등! 중국의 인구가 제일 많아요.

미국은 3등이지만, 중국과 인도보다는 많이 적어요.

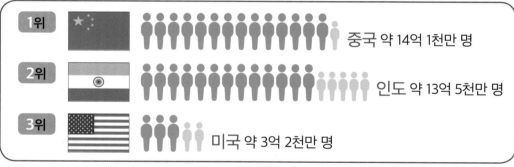

1위		중국 약 14억 1천만 명
2위		인도 약 13억 5천만 명
3위		미국 약 3억 2천만 명

우리나라 인구는 약 5천만 명이고, 이웃 나라 일본은 약 1억 3천만 명이에요.

단위: 👤 1억 👤 1천(만 명) [2018년 10월 기준]

 구

 커우

 코-

발음 듣기

어제의 한자

훈 음

_____

😺 오늘 배울 한자를 만나 봅시다.

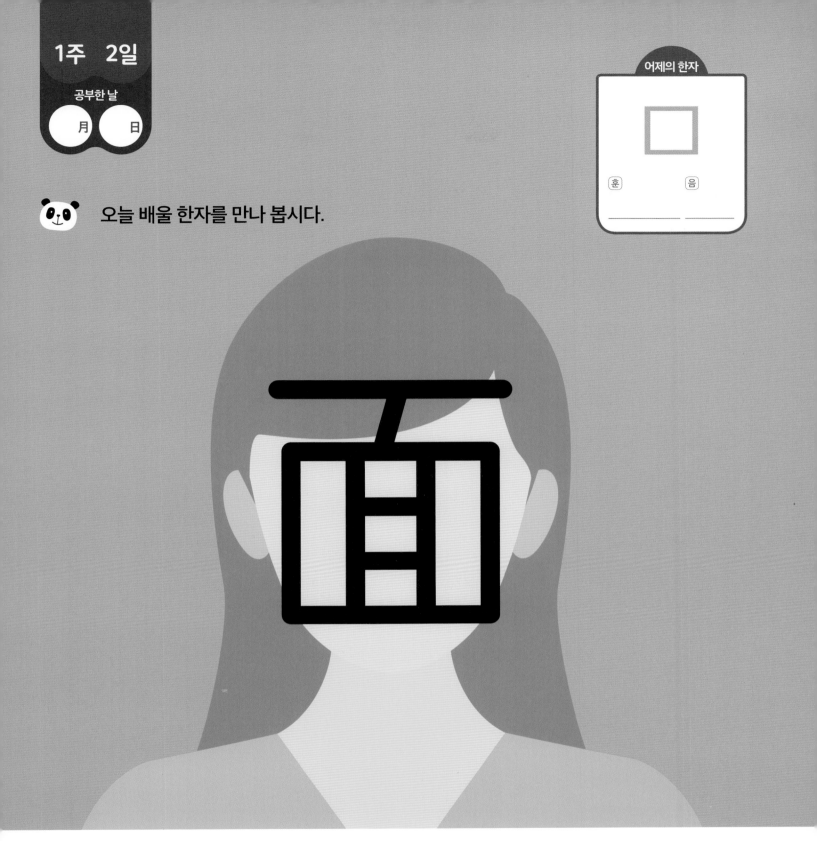

面 **낯**을 뜻하고

면이라고 읽어요.

面 낯 면

面

낯 면

| 7급 | 부수 面 | 총 9획 |

얼굴〔口〕 안에 눈〔目〕이 있는 모양을 따라 만든 글자로, '낯'을 뜻합니다. '낯'은 얼굴을 말합니다.

 순서에 맞게 한자를 써 봅시다.

一 ｢ ｢ 丙 而 而 而 面 面

낯 면	낯 면	낯 면	낯 면
낯 면	낯 면	낯 면	낯 면
낯 면	낯 면	낯 면	낯 면

오늘 배운 한자가 쓰인 단어의 뜻을 알아보고, 예문을 읽어 봅시다.

국어
假 거짓 가

뜻 탈. '탈'은 얼굴을 가려서 자신이 누구인지 감추기 위해 쓰는 물건입니다.

예문 친구들과 **가면**을 쓰고 역할놀이를 했습니다.

국어
畫 그림 화

뜻 (1) 그림을 그린 면.
(2) 텔레비전에서 그림이나 영상이 나오는 면.

예문 텔레비전 **화면**을 보며 노래를 따라 불렀습니다.

국어
場 마당 장

뜻 어떤 곳에서 일이 벌어지는 모양.

예문 시를 읽고 떠오르는 **장면**을 그림으로 그렸습니다.

급수 시험
유형 문제

정답 확인

1 다음 밑줄 친 한자어의 음을 쓰세요.

영화를 보는데 무서운 <u>場面</u>이 나와서 깜짝 놀랐습니다.

2 다음 훈(뜻)과 음(소리)에 맞는 한자를 〈보기〉에서 찾아 그 번호를 쓰세요.

〈보기〉	① 白	② 百	③ 面

낯 면

3 다음 밑줄 친 단어의 한자어를 〈보기〉에서 찾아 그 번호를 쓰세요.

〈보기〉	① 假面	② 畫面	③ 場面

친구들과 <u>가면</u>을 쓰고 연극을 했습니다.

정답 쓰기

1

2

3

[복습 한자] 白 흰 백
百 일백 백

한국, 중국, 일본의 가면

假 面

한국, 중국, 일본의
전통 가면을 알아볼까요?

한국의 하회탈

'하회탈'은 안동 하회 마을에서 전해 내려온 전통 가면입니다. 환하게 웃는 양반탈과 각시탈이 대표적입니다.

중국의 변검

'변검'은 중국 전통 복장을 한 배우가 손을 대지 않고 순식간에 가면을 바꾸는 공연 예술입니다. 가면의 색이 다양하며 화려합니다.

일본의 노멘

'노멘'은 일본의 대표적인 가면극인 '노'의 중심인물이 쓰는 가면입니다. 무표정한 얼굴의 여인 가면과 도깨비 가면이 유명합니다.

발음 듣기

 面 면

 面 미엔

面 멘

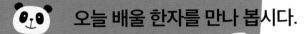 오늘 배울 한자를 만나 봅시다.

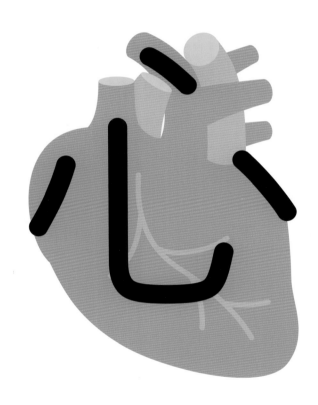

心 **마음**을 뜻하고
심이라고 읽어요.

心 마음 심

心

마음 심

| 7급 | 부수 心 | 총 4획 |

사람의 심장 모양을 따라 만든 글자로, '마음'을 뜻합니다.

순서에 맞게 한자를 써 봅시다.

ㄱ 心 心 心

마음 심	마음 심	마음 심	마음 심
마음 심	마음 심	마음 심	마음 심
마음 심	마음 심	마음 심	마음 심

오늘 배운 한자가 쓰인 단어의 뜻을 알아보고, 예문을 읽어 봅시다.

안전
安 편안 안

뜻 마음을 편히 가짐.

예문 유통 기한을 확인한 후, **안심**하고 먹었습니다.

국어
良 어질 량(양)

뜻 바른 것을 지키려는 마음.

예문 마음속 **양심**이 올바른 행동을 하도록 도와줍니다.

국어
關 관계할 관

뜻 마음이 끌림.

예문 우리 아빠는 요리에 **관심**이 많습니다.

급수 시험
유형 문제

정답 확인

1 다음 밑줄 친 한자어의 음을 쓰세요.

부모님의 얼굴을 보자 <u>安心</u>이 되었습니다.

2 다음 한자의 훈(뜻)과 음(소리)을 쓰세요.

心

3 다음 한자의 진하게 표시한 획은 몇 번째 쓰는지 〈보기〉에서 찾아 그 번호를 쓰세요.

心

| 〈보기〉 | ① 첫 번째 | ② 두 번째 |
| | ③ 세 번째 | ④ 네 번째 |

정답 쓰기

1

2

훈 _____

음 _____

3

마음이 담긴 단어

心

🐾 '心'이 들어간 단어를 읽고, 뜻을 생각해 봅시다.

🐼 오늘 배울 한자를 만나 봅시다.

川

내를 뜻하고
천이라고 읽어요.

川 내 천

川

내 천

| 7급 | 부수 川 | 총 3획 |

둑 사이로 물이 흘러가는 모양을 따라 만든 글자로, '내'를 뜻합니다. '내'는 시내보다는 크지만 강보다는 작은 물줄기를 가리킵니다.

🐼 순서에 맞게 한자를 써 봅시다.

丿　丿　川

내 천	내 천	내 천	내 천
내 천	내 천	내 천	내 천
내 천	내 천	내 천	내 천

오늘 배운 한자가 쓰인 단어의 뜻을 알아보고, 예문을 읽어 봅시다.

봄  산 川
山 메 산

뜻 (1) 산과 내. (2) 자연.

예문 봄이 되면 진달래가 온 **산천**에 활짝 핍니다.

여름  하 川
河 물 하

뜻 강과 시내.

예문 여름에는 **하천**에서 물놀이를 합니다.

국어  인 川
仁 어질 인

뜻 우리나라 서울의 서쪽에 있는 광역시.

예문 **인천** 국제공항에서 비행기를 타고 여행을 떠났습니다.

급수 시험
유형 문제

정답 확인

1 다음 밑줄 친 한자어의 음을 쓰세요.

할머니는 아름다운 고향 <u>山川</u>을 그리워했습니다.

2 다음 훈(뜻)과 음(소리)에 맞는 한자를 〈보기〉에서 찾아 그 번호를 쓰세요.

〈보기〉　① 三　　② 水　　③ 川

내 천

3 다음 뜻에 맞는 한자어를 〈보기〉에서 찾아 그 번호를 쓰세요.

〈보기〉　① 仁川　　② 河川　　③ 山川

강과 시내.

정답 쓰기

1

2

3

[복습 한자] 三 석 삼
水 물 수

한자 '川'을 찾아요

천

🐾 '내'를 뜻하는 한자를 찾아 색칠하고, 숨겨진 한자를 써 봅시다.

三	山	川	三	山	川	山	三	川	二
山	二	川	二	三	川	小	二	川	三
小	三	川	三	手	川	三	山	川	山
二	山	川	手	三	川	小	自	川	小
山	二	川	小	山	川	手	三	川	三
小	自	川	三	手	川	山	小	川	山
自	小	川	山	小	川	小	山	川	二
二	山	川	小	三	川	三	自	川	三
三	二	川	三	手	川	二	山	川	小
二	川	三	小	山	川	山	三	川	三

어제의 한자

川

훈 음

저녁 석

오늘 배울 한자를 만나 봅시다.

夕 **저녁**을 뜻하고
석이라고 읽어요.

夕 저녁 석

夕

저녁 석

| 7급 | 부수 夕 | 총 3획 |

달〔月〕 모양에서 빛을 뜻하는 획〔一〕 하나를 뺀 글자로, 달빛이 밝지 않아 어두운 '저녁'을 뜻합니다.

 순서에 맞게 한자를 써 봅시다.

ノ ク 夕

夕	夕	夕	夕
저녁 석	저녁 석	저녁 석	저녁 석
저녁 석	저녁 석	저녁 석	저녁 석
저녁 석	저녁 석	저녁 석	저녁 석

오늘 배운 한자가 쓰인 단어의 뜻을 알아보고, 예문을 읽어 봅시다.

여름 **조夕**
朝 아침 조

> 뜻 | 아침과 저녁.
> 예문 | 옛날 사람들은 **조석**으로 부모님께 인사를 드렸습니다.

여름 **夕양**
陽 볕 양

> 뜻 | 저녁때 지는 해.
> 예문 | 바다에서 **석양**이 지는 것을 바라보았습니다.

국어 **추夕**
秋 가을 추

> 뜻 | 우리나라 명절의 하나로, 음력 8월 15일. 한가위.
> 예문 | **추석**이 되면 온 가족이 함께 모여 앉아 송편을 빚습니다.

급수 시험 유형 문제
정답 확인

1 다음 밑줄 친 한자어의 음을 쓰세요.

<u>秋夕</u>날 아침에 차례를 지내고 가족이 함께 음식을 먹습니다.

2 다음 한자의 훈(뜻)과 음(소리)을 쓰세요.

夕

3 다음 밑줄 친 단어의 한자어를 〈보기〉에서 찾아 그 번호를 쓰세요.

| 〈보기〉 | ① 夕陽 | ② 秋夕 | ③ 朝夕 |

<u>석양</u>이 물든 바다의 경치가 아름답습니다.

정답 쓰기

1

2

훈 _____

음 _____

3

추석이 궁금해요

秋 夕

추석은 왜 매년 날짜가 다른가요?

추석은 음력 8월 15일입니다. 우리나라는 공휴일, 국경일은 모두 양력을 기준으로 하지만, 설날, 추석과 같은 명절은 전통에 따라 음력으로 쉽니다.

추석 날짜가 매년 달라지는 이유는 음력으로 계산하기 때문입니다. 그래서 추석의 날짜를 양력으로 볼 때, 매년 바뀌는 것으로 보입니다.

Q1 추석은 왜 '한가위'라고도 말하나요?

한가위의 '한'은 '크다', '가위'는 '가운데'라는 뜻의 옛말로, '8월의 한가운데에 있는 큰 날'이라는 뜻입니다. 추석은 한가위라고도 하는데, 추석은 한자어이고, 한가위는 순우리말입니다.

Q2 추석에는 무엇을 하나요?

추석에는 한 해 동안 길러 거둔 햇곡식과 햇과일로 조상들에게 차례를 지내고 성묘를 합니다. 가족들과 함께 모여 송편을 만들어 먹고, 강강술래나 널뛰기 같은 놀이를 즐깁니다.

발음 듣기

 夕 석

 夕 씨

 夕 세키

 오늘 배울 한자를 만나 봅시다.

天 **하늘**을 뜻하고

천이라고 읽어요.

天 하늘 천

天 하늘 천

7급 | 부수 大 | 총 4획

사람의 머리 위에 있는 '하늘'을 뜻합니다.

🐼 순서에 맞게 한자를 써 봅시다.

一 二 チ 天

天	天	天	天
하늘 천	하늘 천	하늘 천	하늘 천
하늘 천	하늘 천	하늘 천	하늘 천
하늘 천	하늘 천	하늘 천	하늘 천

오늘 배운 한자가 쓰인 단어의 뜻을 알아보고, 예문을 읽어 봅시다.

국어 **天지**
地 땅 지

뜻 (1) 하늘과 땅. (2) 온 세상.
예문 어젯밤 내린 눈이 **천지**를 하얗게 뒤덮었습니다.

여름 **天재**
才 재주 재

뜻 타고난 재주가 뛰어난 사람.
예문 **천재** 작곡가 모차르트는 '달팽이 집'을 작곡했습니다.

수학 **天막**
幕 장막 막

뜻 햇빛이나 비바람을 피할 수 있도록 천을 씌워 놓은 것.
예문 옷걸이, 산, 삼각 김밥, **천막**은 모두 삼각형입니다.

 급수 시험 유형 문제

정답 확인

1 다음 밑줄 친 한자어의 음을 쓰세요.

빨간 단풍잎이 떨어져 <u>天地</u>가 빨갛게 물들었습니다.

2 다음 한자의 훈(뜻)과 음(소리)을 쓰세요.

天

3 다음 밑줄 친 단어의 한자어를 〈보기〉에서 찾아 그 번호를 쓰세요.

〈보기〉　　① 天下　　　② 天才　　　③ 天地

단원 김홍도는 조선 시대 <u>천재</u> 화가였습니다.

정답 쓰기

1

2

훈 ----------

음 ----------

3

[복습 한자] 下 아래 하

천재 예술가 레오나르도 다빈치

天 才

레오나르도 다빈치의
직업은 무엇일까요?

- ☐ 화가 ☐ 조각가 ☐ 발명가 ☐ 건축가 ☐ 과학자
- ☐ 음악가 ☐ 수학자 ☐ 문학가 ☐ 해부학자 ☐ 지질학자
- ☐ 천문학자 ☐ 요리사 ☐ 역사가 ☐ 지리학자 ☐ 도시계획가

유명한 화가로 알려진 레오나르도 다빈치는 이 모든 직업을 가졌던 인물입니다. 그림뿐만 아니라 과학과 수학, 의학, 건축, 발명 등 다양한 분야에서 뛰어났으며 세계적으로 유명한 천재였습니다.

레오나르도 다빈치의 대표작이에요.
왼쪽 작품이 〈모나리자〉,
오른쪽 작품이 〈최후의 만찬〉이에요.

한중일
한자

발음 듣기

🇰🇷 天 천

⭐ 天 티엔

🇯🇵 天 텐

 오늘 배울 한자를 만나 봅시다.

地 **땅**을 뜻하고
지라고 읽어요.

地 땅 지

地 땅 지

7급 | 부수 土 | 총 6획

강과 바다를 제외한 지구의 겉면으로,
우리가 살아가는 '땅'을 뜻합니다.

※ 상대(반대)되는 한자: 天(하늘 천) ↔ 地(땅 지)

🐼 순서에 맞게 한자를 써 봅시다.

一 十 土 圵 地 地

地	地	地	地
땅 지	땅 지	땅 지	땅 지
땅 지	땅 지	땅 지	땅 지
땅 지	땅 지	땅 지	땅 지

오늘 배운 한자가 쓰인 단어의 뜻을 알아보고, 예문을 읽어 봅시다.

여름 **地 도**
圖 그림 도

뜻 땅의 생김새를 줄여서 나타낸 그림.

예문 여름철 나들이를 갈 때는 **지도**가 필요합니다.

봄 **地 방**
方 모 방

뜻 (1) 어떤 장소에 있는 땅. (2) 서울이 아닌 지역.

예문 남부 **지방**에는 벌써 봄을 알리는 꽃이 피었습니다.

국어 **육 地**
陸 뭍 륙(육)

뜻 강이나 바다와 같이 물이 있는 곳을 제외한 지구의 겉면.

예문 지도를 보면 **육지**보다 바다가 많은 것을 알 수 있습니다.

급수 시험 유형 문제

정답 확인

1 다음 밑줄 친 한자어의 음을 쓰세요.

아빠가 다니는 회사가 地方으로 이사를 갑니다.

2 다음 훈(뜻)과 음(소리)에 맞는 한자를 〈보기〉에서 찾아 그 번호를 쓰세요.

〈보기〉 ① 天 ② 地 ③ 方

땅 지

3 다음 한자의 상대 또는 반대되는 한자를 〈보기〉에서 찾아 그 번호를 쓰세요.

〈보기〉 ① 土 ② 陸 ③ 地

天 ↔ ( )

정답 쓰기

1

2

3

[복습 한자] 天 하늘 천
土 흙 토

우리나라 지도를 만든 김정호

 地 圖 4

김정호는 가난한 집안에서 태어났지만 공부에 대한 열정이 남달랐습니다. 어렸을 때 우연히 마을 지도 한 장을 살펴보았는데 지도의 내용이 실제 마을 모습과 많이 다르다는 것을 발견했습니다. 김정호는 어른이 되면 정확한 지도를 만들겠다고 결심했습니다.

김정호는 지도를 만들 때 필요한 자료를 수집하기 위해 혼자 길을 떠났습니다. 산과 들, 강은 물론이고 전국 곳곳을 돌아다니면서 지도를 그렸습니다. 30년이 넘는 긴 세월 동안 백두산을 열일곱 번 오르내리며 지도를 완성했습니다. 그것이 바로 〈대동여지도〉입니다.

김정호는 〈대동여지도〉에 제주도와 울릉도, 독도까지 우리나라 전체를 그렸습니다. 〈대동여지도〉는 가로 3.8m, 세로 6.7m나 되는 큰 지도입니다. 22조각으로, 차곡차곡 접으면 한 권의 책이 되어 가지고 다닐 수 있습니다.

지도와 우리 마을 모습이 많이 다르네.

발음 듣기

🇰🇷 地 지

🇨🇳 地 띠

🇯🇵 地 지

 오늘 배울 한자를 만나 봅시다.

자연은 저절로 그렇게 이루어졌어요.

然

然 그러하다 를 뜻하고

연 이라고 읽어요.

然 그럴 연

然

그럴 연

7급 | 부수 灬 | 총 12획

'그러하다'는 뜻을 나타낸 글자입니다.
'그러하다'는 '그렇다'와 같은 뜻입니다.

😊 순서에 맞게 한자를 써 봅시다.

丿 夕 夕 夕 夕 夘 夎 狀 狀 然 然 然

그럴 연	그럴 연	그럴 연	그럴 연
그럴 연	그럴 연	그럴 연	그럴 연
그럴 연	그럴 연	그럴 연	그럴 연

오늘 배운 한자가 쓰인 단어의 뜻을 알아보고, 예문을 읽어 봅시다.

自 스스로 자

뜻 산, 강, 바다처럼 저절로 이루어진 세상의 모든 것.

예문 **자연**이 오염되면 물가에 물고기가 살 수 없습니다.

天 하늘 천

뜻 사람의 손이 닿지 않은, 있는 그대로의 상태.

예문 자연에서 얻은 **천연** 색소는 음식을 돋보이게 합니다.

當 마땅 당

뜻 마땅히 그러함.

예문 자전거를 탈 때 보호 장구를 하는 것은 **당연**한 일입니다.

1 다음 밑줄 친 한자어의 음을 쓰세요.

더 좋은 환경을 위해 <u>自然</u>을 보호해야 합니다.

2 다음 한자의 훈(뜻)과 음(소리)을 쓰세요.

然

3 다음 밑줄 친 단어의 한자어를 〈보기〉에서 찾아 그 번호를 쓰세요.

| 〈보기〉 | ① 當然 | ② 天然 | ③ 自然 |

우리 가족은 피부에 좋은 <u>천연</u> 비누를 사용합니다.

정답 쓰기

1

2

훈 _____

음 _____

3

모두 함께 자연을 보호해요
 自 然

🐾 나와 우리 가족이 실천하고 있는 자연 보호 방법에 V표를 해 봅시다.

☐ 전기를 절약한다.

☐ 분리배출을 잘한다.

☐ 집에서 화초를 키운다.

☐ 종이를 낭비하지 않는다.

☐ 쓰레기는 종량제 봉투를 사용한다.

☐ 쓰레기를 아무 데나 버리지 않는다.

☐ 꽃이나 식물을 함부로 꺾지 않는다.

☐ 비닐봉지 대신 장바구니를 이용한다.

☐ 일회용품은 되도록 사용하지 않는다.

☐ 음식은 먹을 만큼 해서 남기지 않는다.

😢 1~4개 — 지구가 아파요. 지구에 관심을 더 가져 주세요!

😐 5~8개 — 잘하고 있어요. 지금보다 조금 더 실천해요!

😊 9~10개 — 멋진 환경 지킴이. 지금처럼 자연을 보호해요!

자연 보호는 우리가 맑은 공기와 깨끗한 물을 마시며 살아가기 위한 작은 노력이에요.

생활 속에서 자연 보호에 관심을 가지고, 오늘부터 한 가지라도 더 실천해 봐요.

발음 듣기

 然 연

🇨🇳 然 란

 然 젠

오늘 배울 한자를 만나 봅시다.

花 꽃을 뜻하고
화라고 읽어요.

花 꽃 화

花

꽃 화

7급 | 부수 ⺾ | 총 8획

뜻을 나타내는 '⺾(풀 초)'와 음을 나타내는 '化(될 화)'를 합해 만든 글자로, '꽃'을 뜻합니다.

순서에 맞게 한자를 써 봅시다.

一　十　⺀　⺾　犲　花　花　花

꽃 화	꽃 화	꽃 화	꽃 화
꽃 화	꽃 화	꽃 화	꽃 화
꽃 화	꽃 화	꽃 화	꽃 화

오늘 배운 한자가 쓰인 단어의 뜻을 알아보고, 예문을 읽어 봅시다.

봄 花초
草 풀 초

뜻 꽃이 피는 풀이나 나무.
예문 베란다에 **화초**를 옮겨 놓았습니다.

여름 花분
盆 동이 분

뜻 꽃이나 나무를 심는 그릇.
예문 어머니를 도와 **화분**에 물을 주었습니다.

수학 무궁花
無 없을 무   窮 다할 궁

뜻 우리나라의 꽃.
예문 **무궁화** 꽃잎의 길이를 어림해 봅시다.

급수 시험
유형 문제

정답 확인

1 다음 밑줄 친 한자어의 음을 쓰세요.

정원에 핀 <u>花草</u>가 아름답습니다.

2 다음 훈(뜻)과 음(소리)에 맞는 한자를 〈보기〉에서 찾아 그 번호를 쓰세요.

| 〈보기〉 | ① 火 | ② 花 | ③ 草 |

꽃 화

3 다음 한자의 진하게 표시한 획은 몇 번째 쓰는지 〈보기〉에서 찾아 그 번호를 쓰세요.

花

| 〈보기〉 | ① 다섯 번째 | ② 여섯 번째 |
| | ③ 일곱 번째 | ④ 여덟 번째 |

정답 쓰기

1

2

3

[복습 한자] 火 불 화

우리나라의 꽃, 무궁화

無 窮 花

우리나라의 꽃,
무궁화를 알아볼까요?

매일 새로 피는 꽃, 무궁화

무궁화는 '피고 지는 것이 다함이 없는 꽃'이
라는 뜻을 담고 있습니다. 우리나라 어디서나 잘
자라며, 세 달 정도 매일 새로운 꽃을 피웁니다.

무궁화의 꽃잎은 다섯 장이고, 한가운데 큰
꽃술이 있습니다. 꽃이 떨어져 있어 보이지만,
꽃잎이 하나인 통꽃입니다. 꽃잎의 색깔은 분
홍색, 흰색, 보라색 등으로 다양합니다.

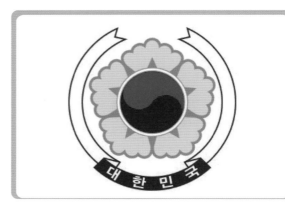

우리나라를 대표하는 꽃, 무궁화

무궁화는 우리나라를 상징하는 꽃으로, 오랫
동안 우리 민족과 함께해 왔습니다.

애국가의 후렴에 '무궁화 삼천리 화려 강산'
이라는 노랫말이 들어가면서 더욱 사랑을 받게
되었습니다.

또한 무궁화는 우리나라를 대표하는 마크로
도 많이 사용되고 있습니다.

발음 듣기

花 화   花 후아   花 카

🐼 오늘 배울 한자를 만나 봅시다.

草 **풀**을 뜻하고
초라고 읽어요.

草 풀초

草 풀 초

| 7급 | 부수 艹 | 총 10획 |

줄기가 연하고 초록빛 잎이 나는 '풀'을 뜻합니다.

🐼 순서에 맞게 한자를 써 봅시다.

一 十 卝 卝 芇 苎 节 苩 苩 草

草	草	草	草
풀초	풀초	풀초	풀초
풀초	풀초	풀초	풀초
풀초	풀초	풀초	풀초

오늘 배운 한자가 쓰인 단어의 뜻을 알아보고, 예문을 읽어 봅시다.

국어 **草 식**
食 먹을 식

뜻 풀이나 채소를 주로 먹음.
예문 코끼리와 기린은 **초식** 동물입니다.

국어 **草 원**
原 언덕 원

뜻 풀이 나 있는 넓은 들판.
예문 **초원**이 있는 목장으로 현장 체험 학습을 다녀왔습니다.

수학 **草 록**
綠 푸를 록

뜻 풀이나 나뭇잎의 빛깔.
예문 색깔에 따라 분류해서 **초록**색만 남겨 놓았습니다.

급수 시험 유형 문제

정답 확인

1 다음 밑줄 친 한자어의 음을 쓰세요.

사슴은 <u>草食</u> 동물입니다.

2 다음 한자의 훈(뜻)과 음(소리)을 쓰세요.

草

3 다음 뜻에 맞는 한자어를 〈보기〉에서 찾아 그 번호를 쓰세요.

| 〈보기〉 | ① 花草 | ② 草食 | ③ 草原 |

풀이 나 있는 넓은 들판.

정답 쓰기

1

2
훈 ....
음 ....

3

[복습 한자] 花 꽃 화

풀을 먹고 사는 초식 동물

草 食

초식 동물은 주로 풀을 먹고 사는 동물이에요. 기린, 코끼리, 소, 말이 있어요.

Q1 초식 동물은 사람보다 위가 더 많나요?

초식 동물 중에 소, 사슴, 기린은 음식물을 소화하는 위를 네 개나 가지고 있습니다. 네 개의 위를 통해 풀을 완전히 소화시킵니다.

이빨로 풀을 반쯤 씹어서 삼키고, 다시 입으로 토해 내 씹고 삼키는 것을 몇 번 반복하면서 천천히 소화를 시킵니다.

Q2 초식 동물은 왜 덩치가 큰가요?

초식 동물은 대체로 육식 동물보다 덩치가 큽니다. 큰 덩치는 야생에서 사나운 육식 동물로부터 자신의 몸을 보호하는 데 효과적입니다.

대표적인 초식 동물인 코끼리는 육지에 사는 동물들 가운데 가장 큽니다. 또, 기린은 키가 6미터 정도로, 포유류 가운데 가장 크며, 몸무게도 1톤이 넘습니다.

한중일 한자

발음 듣기

 草 초   草 차오   草 소-

오늘 배울 한자를 만나 봅시다.

出 나가다를 뜻하고
출이라고 읽어요.

出 날 출

出

날 출

7급 | 부수 凵 | 총 5획

출입구에서 발이 나오는 모습을 나타낸 글자로, '나다'를 뜻합니다. '나다'에는 밖으로 나간다는 뜻도 있고, 생명이 태어난다는 뜻도 있습니다.

순서에 맞게 한자를 써 봅시다.

丨	屮	屮	出	出

날 출	날 출	날 출	날 출
날 출	날 출	날 출	날 출
날 출	날 출	날 출	날 출

교과서 어휘

오늘 배운 한자가 쓰인 단어의 뜻을 알아보고, 예문을 읽어 봅시다.

봄
日 날 일

🔹뜻 해가 뜸.
🔹예문 오늘 **일출** 시간은 아침 5시 24분입니다.

여름 **외 出**
外 바깥 외

🔹뜻 집 밖으로 잠시 나감.
🔹예문 여름철 **외출**할 때는 강한 햇볕을 주의합니다.

봄 **出 생**
生 날 생

🔹뜻 아기가 세상에 태어남.
🔹예문 저는 4월 10일에 **출생**했다고 합니다.

급수 시험 유형 문제

정답 확인

1 다음 밑줄 친 한자어의 음을 쓰세요.

드라마 주인공의 <u>出生</u>에는 비밀이 있었습니다.

2 다음 한자의 훈(뜻)과 음(소리)을 쓰세요.

出

3 다음 밑줄 친 단어의 한자어를 〈보기〉에서 찾아 그 번호를 쓰세요.

| 〈보기〉 | ① 出生 | ② 日出 | ③ 外出 |

바람이 심한 날에는 되도록 <u>외출</u>하지 않습니다.

정답 쓰기

1

2
훈 _____
음 _____

3

새해가 되면 일출을 보러 가요

日 出

우리나라에는 일출이 아름다운 곳들이 많이 있어요.

정동진
강원도 강릉에 있는 바닷가입니다.
정동진역은 세계에서 바닷가에 가장 가까운 기차역으로 기네스북에 올랐습니다.

호미곶
경상북도 포항에 있는 곶입니다.
'호미(虎尾)'는 '호랑이의 꼬리'라는 뜻으로, 호랑이의 모습을 닮은 한반도의 꼬리 부분에 있다고 하여 붙여진 이름입니다.

성산 일출봉
제주도 서귀포시에 있는 산입니다.
우리나라에서 가장 아름다운 일출로 유명하며, 천연기념물로 지정된 곳입니다.

 발음 듣기

 出 출

 出 츄

 出 슈츠

오늘 배울 한자를 만나 봅시다.

入
들어오다를 뜻하고
입이라고 읽어요.

入 들입

入

入 | 7급 | 부수 入 | 총 2획

'들다'를 뜻합니다. '들다'는 밖에서 안으로 들어가거나 들어온다는 뜻입니다.

※ 상대(반대)되는 한자: 出(날 출) ↔ 入(들 입)

순서에 맞게 한자를 써 봅시다.

ノ 入

들 입	들 입	들 입	들 입
들 입	들 입	들 입	들 입
들 입	들 입	들 입	들 입

오늘 배운 한자가 쓰인 단어의 뜻을 알아보고, 예문을 읽어 봅시다.

수학 入 場
場 마당 장

뜻 어떤 장소로 들어감.
예문 우리 반 23명이 입체 영상관에 **입장**했습니다.

국어 入 院
院 집 원

뜻 병을 고치기 위해 병원에 들어가 머무는 일.
예문 의사 선생님은 **입원**한 환자를 치료하느라 바쁩니다.

국어 入 金
金 쇠 금

뜻 통장에 돈을 넣음.
예문 은행에 가서 통장에 **입금**을 했습니다.

 급수 시험 유형 문제

정답 확인

1 다음 밑줄 친 한자어의 음을 쓰세요.

한복을 입고 경복궁에 가면 무료로 <u>入場</u>할 수 있습니다.

2 다음 훈(뜻)과 음(소리)에 맞는 한자를 〈보기〉에서 찾아 그 번호를 쓰세요.

〈보기〉　　①人　　　②八　　　③入

들 입

3 다음 한자의 상대 또는 반대되는 한자를 〈보기〉에서 찾아 그 번호를 쓰세요.

〈보기〉　　①金　　　②入　　　③人

出 ↔ (　　)

정답 쓰기

1

2

3

[복습 한자] 人 사람 인
八 여덟 팔

한자 '入'을 찾아요
입

🐾 한자의 음(소리)이 '입'인 한자를 찾아 개수를 써 봅시다.　　[　　　] 개

어제의 한자

훈   음

글월 문

오늘 배울 한자를 만나 봅시다.

文 글월을 뜻하고
문이라고 읽어요.

文 글월 문

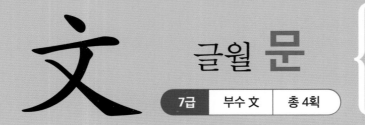

文 글월 **문**

7급 | 부수 文 | 총 4획

'글월'을 뜻합니다. 예전에는 글자를 '글월'이라고 부르기도 했습니다.

순서에 맞게 한자를 써 봅시다.

丶 亠 亣 文

文	文	文	文
글월 문	글월 문	글월 문	글월 문
글월 문	글월 문	글월 문	글월 문
글월 문	글월 문	글월 문	글월 문

오늘 배운 한자가 쓰인 단어의 뜻을 알아보고, 예문을 읽어 봅시다.

국어 **한 文**
漢 한나라 한

뜻 한자로 쓴 글.

예문 민속 박물관에는 **한문**으로 된 옛날 책이 있었습니다.

국어 **文 화**
化 될 화

뜻 사람들이 함께 살면서 쌓아 온 모든 것들.

예문 민속놀이를 하며 전통 **문화**를 배웠습니다.

국어 **감 상 文**
感 느낄 감   想 생각 상

뜻 보고 들은 느낌을 쓴 글.

예문 편지 형식으로 독서 **감상문**을 썼습니다.

1 다음 밑줄 친 한자어의 음을 쓰세요.

누나는 서당에 가서 <u>漢文</u>을 배웠습니다.

2 다음 한자의 훈(뜻)과 음(소리)을 쓰세요.

文

3 다음 뜻에 맞는 한자어를 〈보기〉에서 찾아 그 번호를 쓰세요.

〈보기〉   ① 文化   ② 漢文   ③ 作文

사람들이 함께 살면서 쌓아 온 모든 것들.

정답 쓰기

1

2

훈 --------------------

음 --------------------

3

[복습 한자] 作 지을 작

독서 감상문을 쉽게 쓰는 법

感 想 文

독서 감상문은 책을 읽고 나서 마음속에 남는 생각이나 느낌을 적은 글이에요.

독서 감상문은 그림이나 편지, 동시로 쓸 수 있어요.

🐾 독서 감상문 써 보기

- 책 이름: 어린 왕자

- 읽은 날짜: 2018년 10월 15일

- 출판사: 미래엔

- 지은이: 생텍쥐페리

제목: 닮고 싶은 순수한 어린 왕자

저녁을 먹다가 형이 '어린 왕자' 이야기를 해서 궁금한 마음에 도서관에서 빌렸습니다. 중간에 그림이 많아서 재미있게 읽었습니다.

이 책은 비행기 조종사가 어린 왕자와 바오밥나무, 장미, 여우를 만나서 가까이 있는 것에 대한 소중함을 알려 준다는 이야기입니다.

책을 읽고 "네가 오후 4시에 온다면 난 3시부터 벌써 행복하기 시작할 거야."라는 부분이 마음에 들었습니다. 저도 친구들과 놀기로 약속하면 그 전부터 기분이 좋아지기 때문입니다.

이 책을 읽고 어린 왕자의 순수하고 맑은 생각이 나에게도 있었으면 좋겠다는 생각을 했습니다. 그리고 친구들에게 꼭 읽어 보라고 해서 어린 왕자에 대해 같이 이야기하고 싶습니다.

❶ 책 이름과 읽은 날짜, 출판사, 지은이와 같은 기본적인 내용을 먼저 씁니다.

❷ 첫 줄에는 내용이나 느낌을 표현한 제목을 씁니다.

❸ 책을 읽게 된 이유와 첫 느낌을 씁니다.

❹ 읽은 내용의 줄거리를 간단히 씁니다.

❺ 가장 인상적인 장면을 생각해서 씁니다.

❻ 마지막으로 책을 읽고 무엇을 느꼈는지 씁니다.

한중일 한자 | 발음 듣기

🇰🇷 文 문

🇨🇳 文 원

🇯🇵 文 분

어제의 한자

文

훈 음

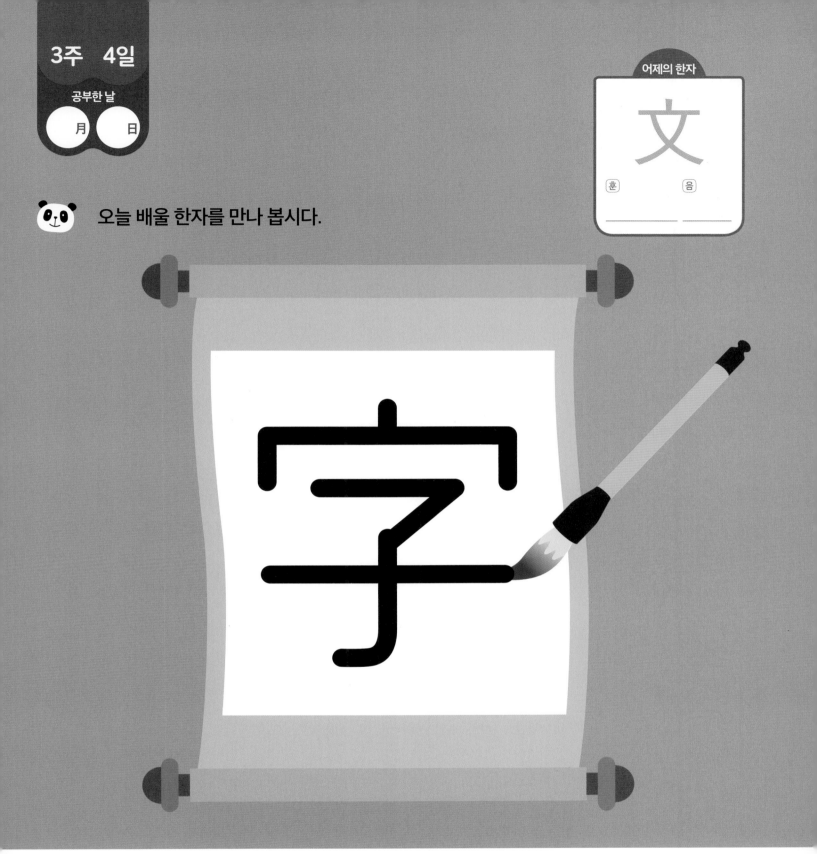

오늘 배울 한자를 만나 봅시다.

字 글자를 뜻하고
자라고 읽어요.

字 글자 자

字

글자 **자**

7급 | 부수 子 | 총 6획

소리나 말을 눈으로 볼 수 있게 나타 내는 '글자'를 뜻합니다.

순서에 맞게 한자를 써 봅시다.

丶 丶 宀 宀 宁 字

글자 자	글자 자	글자 자	글자 자
글자 자	글자 자	글자 자	글자 자
글자 자	글자 자	글자 자	글자 자

오늘 배운 한자가 쓰인 단어의 뜻을 알아보고, 예문을 읽어 봅시다.

국어 문 字

文 글월 문

뜻 사람의 말을 눈으로 볼 수 있게 나타낸 기호.
우리나라의 한글, 영어의 알파벳, 한자는 모두 '문자'입니다.

예문 친구에게 생일 축하 **문자** 메시지를 보냈습니다.

안전 점 字

點 점 점

뜻 손가락으로 만져서 읽는 글자.
'점자'는 볼록 튀어나온 점들을 다르게 놓아서 만든 글자입니다.

예문 엘리베이터 버튼에는 **점자**가 표시되어 있습니다.

국어 천 字 문

千 일천 천   文 글월 문

뜻 중국 양나라 때, 주흥사가 천 글자의 한자로 쓴 책.

예문 옛날에는 **천자문**으로 한자를 배웠습니다.

급수 시험
유형 문제

정답 확인

1 다음 밑줄 친 한자어의 음을 쓰세요.

한글은 세계에서 가장 우수한 **文字** 중 하나입니다.

2 다음 훈(뜻)과 음(소리)에 맞는 한자를 〈보기〉에서 찾아 그 번호를 쓰세요.

〈보기〉   ① 文   ② 字   ③ 子

글자 자

3 다음 한자의 진하게 표시한 획은 몇 번째 쓰는지 〈보기〉에서 찾아 그 번호를 쓰세요.

字

〈보기〉   ① 세 번째   ② 네 번째
          ③ 다섯 번째   ④ 여섯 번째

정답 쓰기

1

2

3

[복습 한자] 子 아들 자

하늘 천, 땅 지, 천자문

 千 字 文

하늘 천, 땅 지, 검을 현, 누를 황.

이렇게 네 글자씩 1,000자가 쓰여 있어요.

Q1 천자문은 1,000자인가요?

천자문은 말 그대로 1,000자의 한자로 만들어진 책입니다.

네 자의 글자가 한 문장으로 되어 있는데, 총 250개의 문장으로 1,000자를 익힐 수 있습니다. 짧은 문장으로 쉽게 한자와 한문을 배울 수 있어 옛날부터 한자 교재로 사용되어 왔습니다.

Q2 천자문은 어떻게 만들어졌나요?

천자문은 중국 양나라 때 주흥사가 왕의 명령으로 1,000자의 글자를 겹치지 않게 만든 글입니다.

주흥사가 하룻밤 사이에 너무 고민하며 천자문을 만들어서, 검었던 머리가 새하얗게 변했다고 합니다. 그래서 흰머리가 되도록 고생하면서 지은 문장이라는 뜻에서 '백수문(白首文)'이라고도 불립니다.

발음 듣기

 字 자

 字 쯔

 字 지

오늘 배울 한자를 만나 봅시다.

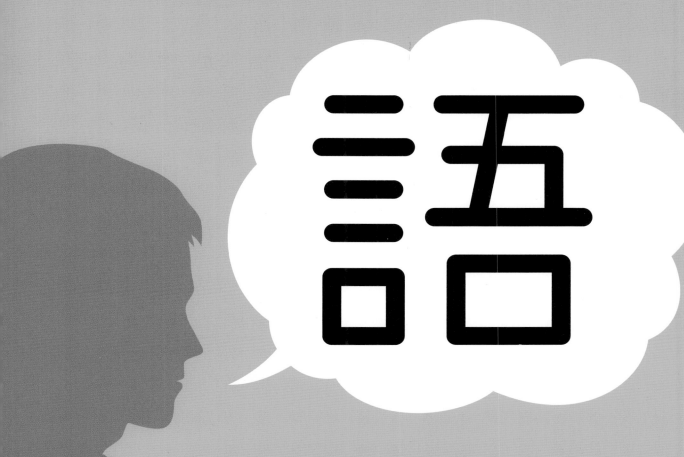

語　말씀을 뜻하고
어라고 읽어요.

語 말씀 어

語

말씀 어

7급 | 부수 言 | 총 14획

'말씀'을 뜻합니다. '말씀'이란 남의 말을 높여 이르는 말입니다.

순서에 맞게 한자를 써 봅시다.

`丶 亠 二 言 言 言 言 言 訂 訨 訊 語 語 語`

말씀 어	말씀 어	말씀 어	말씀 어
말씀 어	말씀 어	말씀 어	말씀 어
말씀 어	말씀 어	말씀 어	말씀 어

오늘 배운 한자가 쓰인 단어의 뜻을 알아보고, 예문을 읽어 봅시다.

국어 **단 語**
單 홑 단

뜻 낱말. '낱말'은 뜻을 가지고 있어 홀로 쓰일 수 있는 말입니다.
예문 소리가 비슷한 **단어**는 헷갈릴 때가 있습니다.

국어 **語 색**
塞 막힐 색

뜻 '말이 막힌다'라는 뜻으로, 말이나 행동이 자연스럽지 못함.
예문 아저씨와 아이는 한참을 **어색**하게 서 있었습니다.

국어 **외 래 語**
外 바깥 외   來 올 래

뜻 다른 나라에서 들어온 말로, 우리말처럼 쓰이는 단어.
예문 텔레비전, 컴퓨터, 피아노, 택시는 **외래어**입니다.

급수 시험
유형 문제

정답 확인

1 다음 밑줄 친 한자어의 음을 쓰세요.

'케이크'와 '바나나'는 모두 <u>外來語</u>입니다.

2 다음 한자의 훈(뜻)과 음(소리)을 쓰세요.

語

3 다음 밑줄 친 단어의 한자어를 〈보기〉에서 찾아 그 번호를 쓰세요.

〈보기〉   ① 單語   ② 國語   ③ 口語

날씨에 관한 <u>단어</u>를 조사해 보았습니다.

정답 쓰기

1

2

훈 ----------

음 ----------

3

[복습 한자] 國 나라 국
口 입 구

외래어를 바르게 써요

外 來 語

외국어와 외래어는
어떻게 다른가요?

'외국어'는 외국에서 쓰는 다른 나라의 말입니다.
'외래어'는 외국에서 들어온 말이지만, 우리말처럼 쓰는
단어를 말합니다.

🐾 올바른 외래어 표기

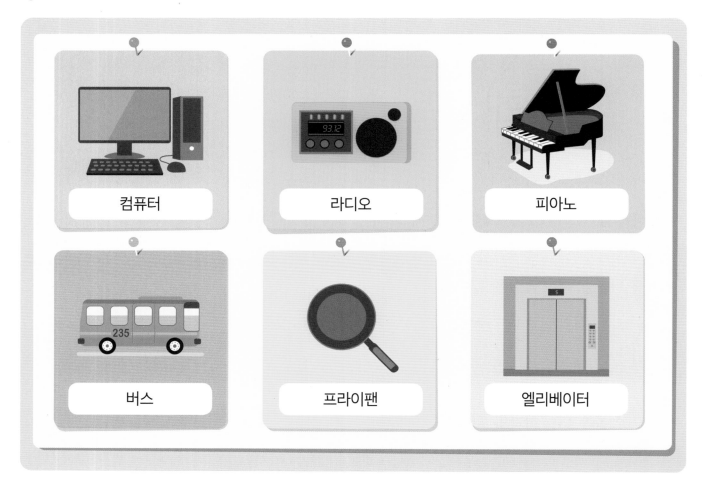

컴퓨터

라디오

피아노

버스

프라이팬

엘리베이터

語 어

语 위

語 고

 오늘 배울 한자를 만나 봅시다.

春 봄을 뜻하고
춘이라고 읽어요.

春 봄 춘

春 봄춘

| 7급 | 부수 日 | 총 9획 |

사계절 중 날씨가 따뜻해지고 풀과 나무가 싹트는 '봄'을 뜻합니다.

🐼 순서에 맞게 한자를 써 봅시다.

一 二 三 夫 夫 养 春 春 春

봄춘	봄춘	봄춘	봄춘
봄춘	봄춘	봄춘	봄춘
봄춘	봄춘	봄춘	봄춘

오늘 배운 한자가 쓰인 단어의 뜻을 알아보고, 예문을 읽어 봅시다.

봄 **입 春**

立 설 립(입)

뜻 봄이 시작되는 때.

예문 그해 봄에는 **입춘**이 지났는데도 눈이 내렸습니다.

국어 **春 계**

季 계절 계

뜻 봄철. 봄.

예문 오늘 학교에서 **춘계** 체육 대회를 했습니다.

국어 **청 春**

青 푸를 청

뜻 '새싹이 파랗게 돋아나는 봄철'이라는 뜻으로, 젊은 시절.

예문 할아버지는 얼마 전 **청춘**을 바쳐 일한 회사를 퇴직하셨습니다.

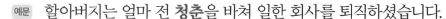

급수 시험 유형 문제

정답 확인

1 다음 밑줄 친 한자어의 음을 쓰세요.

영화의 주인공은 스무 살의 <u>青春</u> 남녀입니다.

2 다음 한자의 훈(뜻)과 음(소리)을 쓰세요.

春

3 다음 밑줄 친 단어의 한자어를 〈보기〉에서 찾아 그 번호를 쓰세요.

〈보기〉   ① 立春   ② 青春   ③ 春季

춥고 긴 겨울이 지나가고 드디어 <u>입춘</u>이 되었습니다.

정답 쓰기

1

2

훈 ---------------

음 ---------------

3

봄의 시작을 알리는 입춘

立 春

입춘은 어떤 날인가요?

입춘은 봄이 시작되는 날로, 양력 2월 4일 무렵입니다. 추운 날씨이지만 햇빛이 강해지고 따뜻해지기 시작합니다. 옛날에는 입춘이 되면 집의 기둥이나 대문에 '입춘대길(立春大吉)'이라는 글을 써서 붙였습니다. '새로운 봄을 맞이하여 좋은 일이 많이 생기길 바란다'라는 뜻입니다.

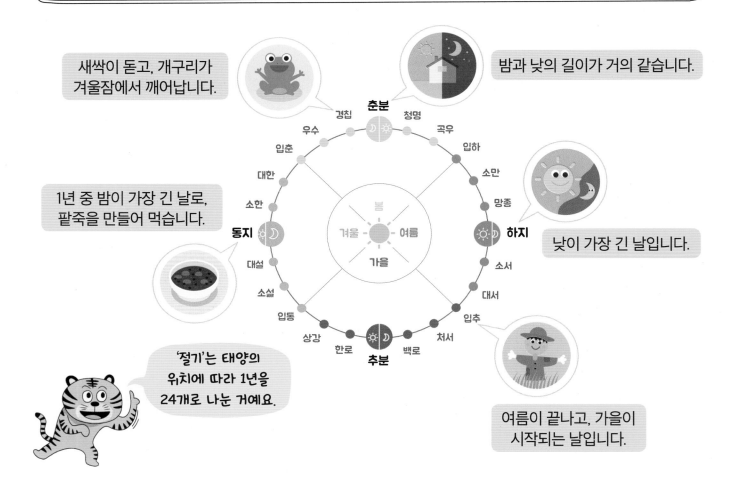

새싹이 돋고, 개구리가 겨울잠에서 깨어납니다.

밤과 낮의 길이가 거의 같습니다.

1년 중 밤이 가장 긴 날로, 팥죽을 만들어 먹습니다.

낮이 가장 긴 날입니다.

'절기'는 태양의 위치에 따라 1년을 24개로 나눈 거예요.

여름이 끝나고, 가을이 시작되는 날입니다.

경칩 춘분 청명 곡우 입하 소만 망종 하지 소서 대서 입추 처서 백로 추분 한로 상강 입동 소설 대설 동지 소한 대한 입춘 우수

봄 여름 가을 겨울

발음 듣기

 春 춘   春 츈   春 슌

 오늘 배울 한자를 만나 봅시다.

夏 **여름**을 뜻하고
하라고 읽어요.

夏 여름 하

夏 여름 하

| 7급 | 부수 夊 | 총 10획 |

{ 사계절 중 낮이 길고, 기온이 높아 더운 '여름'을 뜻합니다. }

🐼 순서에 맞게 한자를 써 봅시다.

一 ｢ 亇 丆 百 百 百 百 頁 夏 夏

夏	夏	夏	夏
여름 하	여름 하	여름 하	여름 하
여름 하	여름 하	여름 하	여름 하
여름 하	여름 하	여름 하	여름 하

오늘 배운 한자가 쓰인 단어의 뜻을 알아보고, 예문을 읽어 봅시다.

여름 **夏** 복
服 옷 복

뜻 여름에 입는 옷. 여름옷.

예문 **하복**을 입고 있는 사람은 나의 형입니다.

여름 입 **夏**
立 설 립(입)

뜻 여름이 시작되는 때. 양력 5월 5일 무렵.

예문 **입하**가 지나면 산과 들은 점점 초록빛으로 변해 갑니다.

여름 **夏** 지
至 이를 지

뜻 일 년 중 낮이 가장 긴 날.

예문 **하지**는 낮이 가장 길고 밤이 가장 짧은 날입니다.

급수 시험 유형 문제

정답 확인

1 다음 밑줄 친 한자어의 음을 쓰세요.

<u>立夏</u>는 여름이 시작되는 때를 말합니다.

2 다음 훈(뜻)과 음(소리)에 맞는 한자를 〈보기〉에서 찾아 그 번호를 쓰세요.

〈보기〉 ① 春 　 ② 夏 　 ③ 花

여름 하

3 다음 한자의 진하게 표시한 획은 몇 번째 쓰는지 〈보기〉에서 찾아 그 번호를 쓰세요.

〈보기〉 ① 일곱 번째 ② 여덟 번째
③ 아홉 번째 ④ 열 번째

정답 쓰기

1
2
3

[복습 한자] 春 봄 춘
花 꽃 화

여름 물놀이를 안전하게 해요

夏

🐾 여름 물놀이 안전 수칙을 바르게 말하지 <u>않은</u> 사람을 찾아봅시다.

서윤	물이 얕은 곳에서 물놀이를 해야 합니다.
대한	너무 오랫동안 물속에 있지 않아야 합니다.
하은	물에 들어가기 전에 준비 운동을 해야 합니다.
주원	음식을 먹은 후, 바로 물에 들어가지 않아야 합니다.
시우	수영 제한 구역은 위험하니 절대 들어가지 않습니다.
미래	물놀이를 할 때는 반드시 구명조끼를 입어야 합니다.
수아	물에 빠진 사람을 발견하면 큰 소리로 주위에 알립니다.
슬기	어른들이 보이지 않는 곳으로 멀리 나가서 놀아야 합니다.
우주	물속에서 놀면 금세 지치므로 최대한 많이 먹고 들어가야 합니다.

바르게 말하지 않은
사람은 두 명이에요.

발음 듣기

🇰🇷 夏 하   🇨🇳 夏 씨아   🇯🇵 夏 카

오늘 배울 한자를 만나 봅시다.

夏
훈   음

秋

秋 가을을 뜻하고
추라고 읽어요.

秋 가을 추

秋

가을 추

7급 | 부수 禾 | 총 9획

사계절 중 날씨가 선선해지고 낙엽이 떨어지는 '가을'을 뜻합니다.

순서에 맞게 한자를 써 봅시다.

丿 二 千 禾 禾 禾 秒 秋 秋

가을 추	가을 추	가을 추	가을 추
가을 추	가을 추	가을 추	가을 추
가을 추	가을 추	가을 추	가을 추

오늘 배운 한자가 쓰인 단어의 뜻을 알아보고, 예문을 읽어 봅시다.

국어	**秋 수**
	收 거둘 수

뜻 　가을에 익은 곡식을 거두어들임.

예문 　아버지와 삼촌은 논에서 벼를 **추수**하고 계십니다.

봄	**춘 秋**
	春 봄 춘

뜻 　봄과 가을.

예문 　봄을 맞아 **춘추**복 정리를 했습니다.

국어	**중 秋 절**
	仲 버금 중　　節 마디 절

뜻 　음력 팔월에 있는 명절. 추석.
　　　중국의 '중추절'은 우리나라의 추석과 비슷한 명절입니다.

예문 　도서관에서 **중추절**에 관한 책을 찾아보았습니다.

 **급수 시험 유형 문제**

정답 확인

1 다음 밑줄 친 한자어의 음을 쓰세요.

올가을에 秋收한 햇곡식으로 송편을 만들어 먹었습니다.

2 다음 한자의 훈(뜻)과 음(소리)을 쓰세요.

秋

3 다음 밑줄 친 단어의 한자어를 〈보기〉에서 찾아 그 번호를 쓰세요.

〈보기〉	① 春秋	② 立秋	③ 秋收

봄과 가을에 입는 옷을 춘추복이라고 합니다.

정답 쓰기

1

2
훈 _____
음 _____

3

[복습 한자] 立 설 립

속담 속에서 가을을 찾아요

秋

도토리 키 재기

가을에 볼 수 있는 도토리는 크기가 작습니다. 크기가 비슷한 도토리는 키를 재 보아도 별 차이가 없습니다. '도토리 키 재기'는 비슷한 실력의 사람들끼리 서로 낫다고 다투는 것을 뜻합니다.

가을 다람쥐 같다

가을이 오면 다람쥐는 겨울잠을 자기 위해서 두 볼이 터져라 먹이를 담고, 남은 것들은 묻거나 숨긴다고 합니다. 이 속담은 앞날을 준비하기 위해 부지런히 움직이는 사람을 뜻하거나 욕심이 많은 사람을 뜻합니다.

벼는 익을수록 고개를 숙인다

벼는 완전히 익을 무렵이면 이삭의 무게를 견디지 못해 고개를 숙인 듯한 모습이 됩니다. 벼가 익을수록 고개를 숙이는 것처럼, 아는 것이 많고 훌륭한 사람일수록 자랑하기보다는 겸손하게 행동한다는 뜻입니다.

 발음 듣기

🇰🇷 秋 추   🇨🇳 秋 치우   🇯🇵 秋 슈-

 오늘 배울 한자를 만나 봅시다.

冬 겨울을 뜻하고
동이라고 읽어요.

冬 겨울 동

冬

겨울 동

7급 | 부수 冫 | 총 5획

사계절의 끝으로, 밤이 길고 기온이 매우 낮은 '겨울'을 뜻합니다.

 순서에 맞게 한자를 써 봅시다.

丿 ク 夂 冬 冬

겨울 동	겨울 동	겨울 동	겨울 동
겨울 동	겨울 동	겨울 동	겨울 동
겨울 동	겨울 동	겨울 동	겨울 동

교과서 어휘

오늘 배운 한자가 쓰인 단어의 뜻을 알아보고, 예문을 읽어 봅시다.

안전 **冬 계**
季 계절 계

뜻 겨울철. 겨울.

예문 **동계** 캠핑을 안전하게 즐기려면 안전 수칙을 잘 지켜야 합니다.

국어 **입 冬**
立 설 립(입)

뜻 겨울이 시작되는 때. 양력 11월 8일 무렵.

예문 **입동**이 지나자 갑자기 추워지기 시작했습니다.

冬 장 군
將 장수 장　軍 군사 군

봄

뜻 '겨울 장군'이라는 뜻으로, 아주 매서운 겨울 추위.

예문 **동장군**이 물러나고 봄바람이 불기 시작했습니다.

급수 시험 유형 문제

정답 확인

1 다음 밑줄 친 한자어의 음을 쓰세요.

<u>立冬</u>이 되자 나무에 달려 있던 감이 얼어버렸습니다.

2 다음 훈(뜻)과 음(소리)에 맞는 한자를 〈보기〉에서 찾아 그 번호를 쓰세요.

〈보기〉　① 夏　　② 冬　　③ 秋

겨울 동

3 다음 뜻에 맞는 한자어를 〈보기〉에서 찾아 그 번호를 쓰세요.

〈보기〉　① 夏季　　② 立冬　　③ 冬季

겨울철.

정답 쓰기

1

2

3

[복습 한자] 夏 여름 하
秋 가을 추

겨울잠을 자는 동물

 冬

어떤 동물이 겨울잠을 자나요?

곰, 다람쥐, 뱀, 고슴도치, 너구리, 개구리 등 여러 동물이 겨울에 잠을 잡니다. 이 동물들은 추위를 피할 수 있는 땅속이나 동굴, 나무 밑에서 잠을 잡니다.

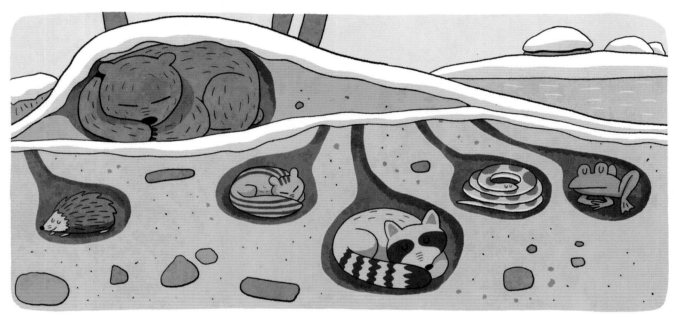

겨울잠을 자는 동물들은 가을 동안 먹이를 많이 먹어 두고, 겨울에는 거의 움직이지 않고 잠을 자요.

또 이 동물들은 날씨가 추워지면 몸에 따뜻한 털이 자라나 추운 겨울을 보낼 준비를 해요.

발음 듣기

🇰🇷 冬 동

 冬 똥

 冬 토-

오늘 배울 한자를 만나 봅시다.

한자 2-1 **4주 5일** - 1

色　**빛**을 뜻하고
　　색이라고 읽어요.

色 빛 색

| 7급 | 부수 色 | 총 6획 |

'빛'을 뜻합니다. '빛'은 빛깔과 같은 말로, 물체가 빛을 받으면 나타내는 색깔을 뜻합니다.

순서에 맞게 한자를 써 봅시다.

丿 ⺈ ⺈ 刍 刍 色

빛 색	빛 색	빛 색	빛 색
빛 색	빛 색	빛 색	빛 색
빛 색	빛 색	빛 색	빛 색

교과서 어휘

오늘 배운 한자가 쓰인 단어의 뜻을 알아보고, 예문을 읽어 봅시다.

수학 **금 色**
金 쇠 금

뜻 황금처럼 반짝거리는 누런색.

예문 **금색**과 은색 구슬을 하나씩 끼워서 팔찌를 만들었습니다.

봄 **色 칠**
漆 옻 칠

뜻 색을 칠함.

예문 그림을 그린 다음 **색칠**해 봅시다.

국어 **色 연 필**
鉛 납 연   筆 붓 필

뜻 여러 가지 색깔이 나는 연필.

예문 친구가 아끼는 **색연필**을 떨어뜨렸습니다.

 **급수 시험 유형 문제**

정답 확인

1 다음 밑줄 친 한자어의 음을 쓰세요.

우리 엄마 손목시계는 <u>金色</u>입니다.

2 다음 한자의 훈(뜻)과 음(소리)을 쓰세요.

色

3 다음 밑줄 친 단어의 한자어를 〈보기〉에서 찾아 그 번호를 쓰세요.

| 〈보기〉 | ① 色漆 | ② 金色 | ③ 白色 |

하얀 도화지에 그림을 그리고 예쁘게 <u>색칠</u>합니다.

정답 쓰기

1

2

훈 ----------

음 ----------

3

[복습 한자] 白 흰 백

우리말로 된 아름다운 색이름

 色

우리말로 된 색이름은 어떤 것이 있을까요?

우리말로 된 색깔 표현은 원래 '검다, 희다, 붉다, 푸르다, 누르다' 다섯 가지입니다. 여기에서 '까맣다, 하얗다, 빨갛다, 파랗다, 노랗다'라는 말이 생겨났습니다.

우리 주변에 있는 전통 건물에서 옛날에 쓰던 전통색을 찾을 수 있어요.

연두색
연한 콩의 색이며, 저고리에 많이 쓰던 색입니다.

뇌록색
잿빛을 띤 녹색으로, 전통 건물에서 볼 수 있습니다.

치자색
치자나무의 열매로 얻은 색으로, 선조들의 옷이나 물건에 즐겨 사용했습니다.

자색
짙은 남빛을 띤 붉은색으로, 임금이나 좋은 기운을 상징합니다.

발음 듣기

🇰🇷 色 색   🇨🇳 色 써   🇯🇵 色 시키

오늘 배울 한자를 만나 봅시다.

老　늙다를 뜻하고
로라고 읽어요.

老　늙을 로

老 늙을 로

| 7급 | 부수 老 | 총 6획 |

지팡이를 짚고 가는 노인의 모습을 따라 만든 글자로, '늙다'를 뜻합니다.

순서에 맞게 한자를 써 봅시다.

一 十 土 耂 老 老

늙을 로	늙을 로	늙을 로	늙을 로
늙을 로	늙을 로	늙을 로	늙을 로
늙을 로	늙을 로	늙을 로	늙을 로

오늘 배운 한자가 쓰인 단어의 뜻을 알아보고, 예문을 읽어 봅시다.

국어 **老 인**
人 사람 인

뜻 나이가 들어 늙은 사람. 할아버지나 할머니.
예문 **노인**은 까만 양도 소중하다고 말했습니다.

여름 **老 후**
後 뒤 후

뜻 늙은 뒤.
예문 할아버지는 미술관에 다니시며 **노후**를 보내고 계십니다.

안전 **老 약 자**
弱 약할 약   者 놈 자

뜻 늙거나 약한 사람.
예문 어린이나 **노약자**는 보호자와 함께 이용해야 합니다.

 급수 시험
유형 문제

정답 확인

1 다음 밑줄 친 한자어의 음을 쓰세요.

<u>老人</u>은 바다에서 커다란 물고기를 잡았습니다.

2 다음 한자의 훈(뜻)과 음(소리)을 쓰세요.

老

3 다음 밑줄 친 단어의 한자어를 〈보기〉에서 찾아 그 번호를 쓰세요.

| 〈보기〉 | ① 老後 | ② 老母 | ③ 老人 |

건강한 <u>노후</u> 생활을 위해 공기가 좋은 곳으로 이사갔습니다.

정답 쓰기

1

2

훈 ----------

음 ----------

3

[복습 한자] 母 어미 모

나무를 심는 노인

老 人

한 노인이 길모퉁이에 나무를 심고 있었습니다. 노인은 힘이 들어 이마에 땀방울이 가득했습니다. 길을 지나가던 한 나그네가 그 모습을 보고 노인을 도와주면서 물었습니다.

 이 나무가 언제쯤 열매를 맺을까요?

삼십 년 정도 지나면 열매를 맺겠지요.

 영감님께서는 그 열매를 드실 수 있을까요?

아무리 오래 산다 해도 그때까지는 어렵겠지요.

 그런데 왜 이렇게 힘들게 나무를 심고 계시나요?

내가 어렸을 때 우리 집 마당에는 과일나무가 많았어요. 나는 그 열매를 따 먹으며 자랐지요. 그 나무들은 내가 태어나기 전에 나의 할아버지와 아버지가 심으신 것이었어요. 이 나무의 열매를 나는 먹을 수 없지만, 시간이 흘러 나의 딸과 아들이, 손자와 손녀가 먹을 수 있을 것이오.

노인의 말에 감동한 나그네는 활짝 웃으며 노인이 나무를 다 심을 때까지 도와주었습니다.

老 로　　　老 라오　　　老 로-

오늘 배울 한자를 만나 봅시다.

어제의 한자

老

훈　음

少 적다를 뜻하고

소 라고 읽어요.

少 적을 소

少

적을 소

7급 | 부수 小 | 총 4획

{ 양이 '적다'는 뜻입니다. 사람의 나이
가 어리거나 '젊다'는 뜻도 있습니다.
※ 상대(반대)되는 한자: 多(많을 다) ↔ 少(적을 소)
　　　　　　　　　　　 老(늙을 로) ↔ 少(젊을 소) }

🐼 순서에 맞게 한자를 써 봅시다.

亅 小 小 少

적을 소	적을 소	적을 소	적을 소
적을 소	적을 소	적을 소	적을 소
적을 소	적을 소	적을 소	적을 소

오늘 배운 한자가 쓰인 단어의 뜻을 알아보고, 예문을 읽어 봅시다.

안전 **노 少**
老 늙을 로(노)

뜻 늙은이와 젊은이. 어른과 아이.
예문 남녀**노소** 모두 야외 활동 규칙을 지켜야 합니다.

국어 **少 수**
數 셈 수

뜻 적은 수.
예문 **소수**의 의견도 소중하게 생각해야 합니다.

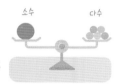
소수   다수

안전 **연 少 자**
年 해 년(연)   者 놈 자

뜻 나이가 어린 사람.
예문 안내문에는 '**연소자**는 보호자와 함께 타세요.'라고 써 있습니다.

 급수 시험 유형 문제

정답 확인

1 다음 밑줄 친 한자어의 음을 쓰세요.

불고기는 남녀<u>老少</u> 누구나 좋아하는 음식입니다.

2 다음 훈(뜻)과 음(소리)에 맞는 한자를 〈보기〉에서 찾아 그 번호를 쓰세요.

〈보기〉   ① 小   ② 少   ③ 老

적을 소

3 다음 한자의 상대 또는 반대되는 한자를 〈보기〉에서 찾아 그 번호를 쓰세요.

〈보기〉   ① 少   ② 小   ③ 後

老 ↔ (   )

정답 쓰기
1

2

3

[복습 한자] 小 작을 소
後 뒤 후

그림으로 보는 소년과 소녀

少年   少女

🐾 소년과 소녀를 주제로 한 그림을 감상해 봅시다.

에두아르 마네(1832~1883)

〈피리 부는 소년〉

피에르 오귀스트 르누아르(1841~1919)

〈피아노 치는 소녀들〉

모자를 쓰고 붉은색 바지를 입은 소년이 피리를 불고 있습니다. 검은색, 빨간색, 흰색으로 소년의 모습을 더욱 생생하게 그렸습니다.

한 소녀는 피아노를 연주하고 다른 소녀는 피아노에 기댄 채 다정하게 있습니다. 따뜻하고 밝은 색감은 편안한 느낌을 전해 줍니다.

발음 듣기

🇰🇷 少 소   🇨🇳 少 샤오   🇯🇵 少 쇼-

오늘 배울 한자를 만나 봅시다.

촛불은 초의
주인이에요.

主 주인을 뜻하고
주라고 읽어요.

主 주인 주

主

주인 주

7급 | 부수 丶 | 총 5획

물건의 '주인'을 뜻합니다.

순서에 맞게 한자를 써 봅시다.

丶　亠　二　主　主

주인 주	주인 주	주인 주	주인 주
주인 주	주인 주	주인 주	주인 주
주인 주	주인 주	주인 주	주인 주

오늘 배운 한자가 쓰인 단어의 뜻을 알아보고, 예문을 읽어 봅시다.

국어
人 사람 인

뜻 (1) 물건을 가지고 있는 사람. (2) 손님을 맞이하는 사람.
예문 길을 잃은 강아지의 **주인**을 찾아 주었습니다.

봄
題 제목 제

뜻 (1) 중심이 되는 문제. (2) 작가가 나타내려는 중심 생각.
예문 **주제**와 어울리는 그림을 그려 게시판을 만들었습니다.

국어
要 요긴할 요

뜻 중심이 되거나 중요한 것.
예문 글을 읽고 **주요** 내용을 확인해 봅시다.

급수 시험 유형 문제

정답 확인

1 다음 밑줄 친 한자어의 음을 쓰세요.

물건값을 계산하려고 하는데 <u>主人</u>이 보이지 않았습니다.

2 다음 한자의 훈(뜻)과 음(소리)을 쓰세요.

主

3 다음 밑줄 친 단어의 한자어를 〈보기〉에서 찾아 그 번호를 쓰세요.

〈보기〉   ① 主題   ② 主人   ③ 民主

개미와 베짱이 이야기를 <u>주제</u>로 발표했습니다.

정답 쓰기

1

2

훈 _____

음 _____

3

[복습 한자] 民 백성 민

한자 '主'를 찾아요
주

🐾 '주인'을 뜻하는 한자를 찾아 색칠하고, 숨겨진 한자를 써 봅시다.

土	王	生	工	主	生	五	工	王	土
王	土	五	生	土	主	生	五	王	工
生	主	主	主	主	主	主	主	主	主
立	土	立	王	土	主	五	王	土	工
王	五	工	土	生	主	王	土	立	土
生	主	主	主	主	主	主	主	主	主
土	王	土	工	五	主	生	土	王	立
立	土	五	王	土	主	五	王	土	王
生	主	主	主	主	主	主	主	主	主
土	王	立	工	王	立	土	工	王	立

主 주

主 쥬

主 슈

오늘 배울 한자를 만나 봅시다.

옛날에는 남자가 결혼하면 상투머리를 했어요.

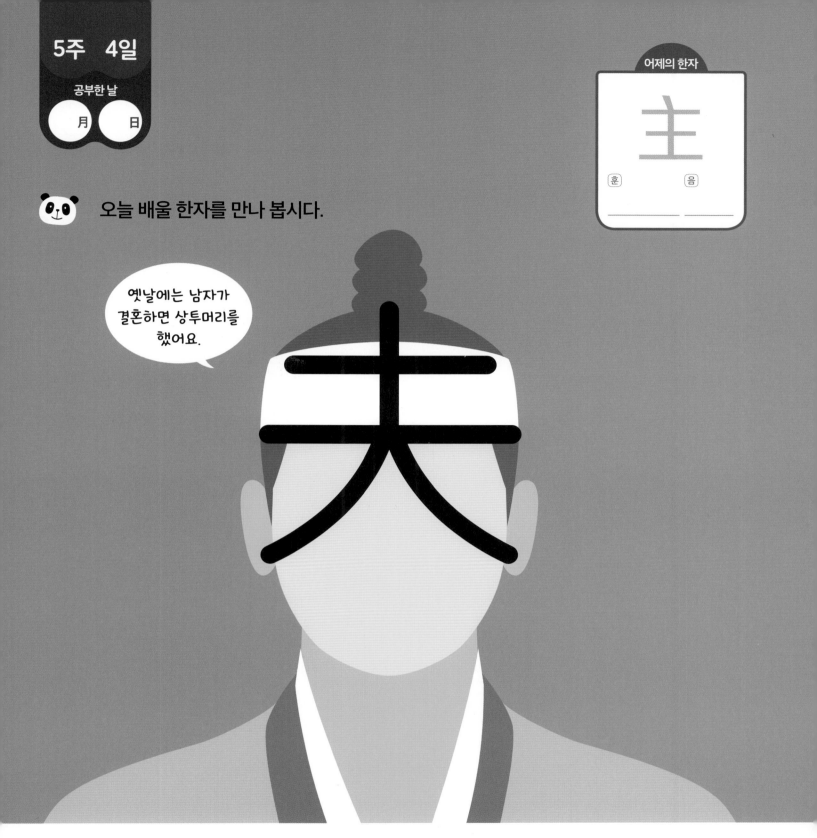

夫 지아비를 뜻하고
부라고 읽어요.

夫 지아비
부

夫 지아비 부

7급 | 부수 大 | 총 4획

어른이 되어 상투를 튼 남자의 모습을 따라 만든 글자로, '지아비'를 뜻합니다. '지아비'는 남편을 예스럽게 이르는 말입니다.

🐼 순서에 맞게 한자를 써 봅시다.

一　二　夫　夫

夫	夫	夫	夫
지아비 부	지아비 부	지아비 부	지아비 부
지아비 부	지아비 부	지아비 부	지아비 부
지아비 부	지아비 부	지아비 부	지아비 부

오늘 배운 한자가 쓰인 단어의 뜻을 알아보고, 예문을 읽어 봅시다.

국어 **夫 부**
婦 며느리 부

뜻 남편과 아내.

예문 선생님 **부부**는 여우가 무슨 꿈을 꾸는지 알 수 있었습니다.

여름 **어 夫**
漁 고기 잡을 어

뜻 물고기를 잡는 사람.

예문 **어부**처럼 바다에서 물고기도 잡았습니다.

봄 **공 夫**
工 장인 공

뜻 지식이나 기술을 배우고 익힘.

예문 선생님과 함께 **공부**할 순서를 정해 봅시다.

 급수 시험 유형 문제

정답 확인

1 다음 밑줄 친 한자어의 음을 쓰세요.

내일 <u>工夫</u>할 내용을 미리 살펴보았습니다.

2 다음 훈(뜻)과 음(소리)에 맞는 한자를 〈보기〉에서 찾아 그 번호를 쓰세요.

〈보기〉   ① 夫   ② 母   ③ 父

지아비 부

3 다음 밑줄 친 단어의 한자어를 〈보기〉에서 찾아 그 번호를 쓰세요.

〈보기〉   ① 夫婦   ② 漁夫   ③ 工夫

마음씨 착한 <u>어부</u>는 작은 물고기를 바다에 놓아주었습니다.

정답 쓰기

1

2

3

[복습 한자] 母 어미 모
父 아비 부

'夫'가 들어간 단어를 연결해요

부

🐾 단어에 알맞은 뜻과 그림을 찾아 연결해 봅시다.

❶ 농부 農夫	ㄱ 물고기를 잡는 사람.	가 
❷ 어부 漁夫	ㄴ 남편과 아내.	나 
❸ 인부 人夫	ㄷ 농사를 짓는 사람.	다 
❹ 부부 夫婦	ㄹ 품삯을 받고 일을 하는 사람.	라 

발음 듣기

🇰🇷 夫 부

🇨🇳 夫 푸

🇯🇵 夫 후

오늘 배울 한자를 만나 봅시다.

祖 **할아비**를 뜻하고
조라고 읽어요.

祖 할아비
조

祖

할아비 조

| 7급 | 부수 示 | 총 10획 |

제사를 지내야 하는 조상인 '할아비'를 뜻합니다. '할아비'는 할아버지와 같은 말로, 늙은 남자를 가리킵니다.

순서에 맞게 한자를 써 봅시다.

一 二 千 千 示 礻 初 祖 祖 祖

할아비 조	할아비 조	할아비 조	할아비 조
할아비 조	할아비 조	할아비 조	할아비 조
할아비 조	할아비 조	할아비 조	할아비 조

오늘 배운 한자가 쓰인 단어의 뜻을 알아보고, 예문을 읽어 봅시다.

국어 **祖 상**
上 윗 상

뜻 자기 세대 이전의 모든 세대.
예문 설날에는 **조상**에게 차례를 지냅니다.

국어 **선 祖**
先 먼저 선

뜻 먼 조상.
예문 **선조**들이 마당에서 하던 투호 던지기 놀이를 했습니다.

여름 **祖 부 모**
父 아비 부   母 어미 모

뜻 할아버지와 할머니.
예문 **조부모**님과 함께 사는 친구도 있습니다.

 급수 시험 유형 문제

정답 확인

1 다음 밑줄 친 한자어의 음을 쓰세요.

우리의 전통 집에는 <u>祖上</u>의 지혜가 담겨 있습니다.

2 다음 한자의 훈(뜻)과 음(소리)을 쓰세요.

祖

3 다음 한자의 진하게 표시한 획은 몇 번째 쓰는지 〈보기〉에서 찾아 그 번호를 쓰세요.

祖

| 〈보기〉 | ① 다섯 번째 | ② 여섯 번째 |
| | ③ 일곱 번째 | ④ 여덟 번째 |

정답 쓰기

1

2

훈 _____

음 _____

3

조상의 지혜가 담긴 온돌과 김치

祖 上

온돌과 김치에는
조상의 지혜가 담겨 있어요.

🐾 온돌

온돌은 우리나라의 전통 난방 방식입니다. 아궁이에 불을 피우면 뜨거운 연기가 방바닥에 깔린 돌을 데워 바닥이 따뜻해집니다.

온돌은 땔감을 많이 사용하지 않고, 구조가 간단하여 고장도 없습니다. 그리고 열기가 오랫동안 지속되고, 열이 몸에 직접 전달되어 건강에 좋습니다.

🐾 김치

김치는 무, 배추, 오이와 같은 채소를 소금에 절인 다음 양념을 하여 만든 음식으로, 재료와 만드는 방법에 따라 종류가 다양합니다.

우리나라는 추운 겨울에 채소가 나지 않고, 옛날에는 냉장고가 없어 보관하기 쉽지 않았기 때문에 겨울이 오기 전에 김장을 했습니다.

발음 듣기

祖 조

祖 주

祖 소

어제의 한자

祖

훈 음

오늘 배울 한자를 만나 봅시다.

百 **일백**을 뜻하고
백이라고 읽어요.

百 일백 백

百 일백 **백**

[7급] | 부수 白 | 총 6획

십의 열 배가 되는 수인 '백'을 뜻합니다.

🐼 순서에 맞게 한자를 써 봅시다.

一 プ プ 万 百 百

百	百	百	百
일백 백	일백 백	일백 백	일백 백
일백 백	일백 백	일백 백	일백 백
일백 백	일백 백	일백 백	일백 백

오늘 배운 한자가 쓰인 단어의 뜻을 알아보고, 예문을 읽어 봅시다.

봄  百일
日 날 일

뜻 아이가 태어난 지 백 번째 되는 날.

예문 동생이 태어난 지 **백일**이 되어 잔치를 했습니다.

축 100일

국어 百성
姓 성 성

뜻 옛날에 일반 국민을 이르던 말.

예문 세종 대왕은 **백성**을 사랑하는 마음이 큰 임금이었습니다.

안전  百화점
貨 재물 화   店 가게 점

뜻 여러 가지 물건을 파는 큰 가게.

예문 **백화점**에서 안내원에게 길을 물어보았습니다.

급수 시험 유형 문제

정답 확인

1 다음 밑줄 친 한자어의 음을 쓰세요.

외숙모는 사촌 동생의 <u>百日</u>상을 차렸습니다.

2 다음 한자의 훈(뜻)과 음(소리)을 쓰세요.

百

3 다음 뜻에 맞는 한자어를 <보기>에서 찾아 그 번호를 쓰세요.

| 〈보기〉 | ① 百日 | ② 百姓 | ③ 百年 |

옛날에 일반 국민을 이르던 말.

정답 쓰기

1

2

훈 ----------------

음 ----------------

3

[복습 한자] 年 해 년

내 동생 백일잔치

百 日

날짜: 6월 10일 수요일

날씨:

제목: **내 동생 백일잔치**

　오늘은 내 동생이 태어난 지 백 번째 되는 날이다. 가족과 친척들이 다 같이 모여서 동생의 백일잔치를 했다.

　백일상에는 떡이 많이 있었다. 백설기와 수수경단, 인절미도 있었다.

　엄마는 백설기에는 하얀 눈같이 순수하게 자라라는 마음이 담겨 있다고 하셨다. 그리고 수수경단에는 나쁜 일을 당하지 않고 건강하게 자라기를 바라는 마음이, 인절미에는 끈기 있는 사람이 되라는 마음이 담겨 있다고 알려 주셨다.

　백일잔치가 끝나고 이웃집에 백일 떡을 배달하느라 바쁜 하루였다.

제 동생 백일 떡이에요.

백일은 어떤 날인가요?

　'백일'은 아기가 태어난 날로부터 백 번째 되는 날입니다.

　'백(百)'은 꽉 찬 숫자로, 옛날부터 이날에는 백 일 동안 건강하게 자란 아기에게 잔치를 벌여 축하해 주었습니다.

　백일상에는 다양한 뜻이 담긴 백일 떡을 올리는데, 백일 떡을 100명에게 나누어 주면 백 살까지 오래 산다고 믿었습니다.

발음 듣기

 百 백

 百 바이

 百 햐쿠

오늘 배울 한자를 만나 봅시다.

千 **일천**을 뜻하고
천이라고 읽어요.

千 일천 천

千 **일천 천**

7급 | 부수 十 | 총 3획

백의 열 배가 되는 수인 '천'을 뜻합니다.

😺 순서에 맞게 한자를 써 봅시다.

´ ㄷ 千

일천 천	일천 천	일천 천	일천 천
일천 천	일천 천	일천 천	일천 천
일천 천	일천 천	일천 천	일천 천

오늘 배운 한자가 쓰인 단어의 뜻을 알아보고, 예문을 읽어 봅시다.

萬 일만 만

> 뜻 만의 천 배가 되는 수.
>
> 예문 해마다 **천만** 명이 넘는 피서객이 찾아옵니다.

數 셈 수

> 뜻 천의 여러 배가 되는 수.
>
> 예문 도서관에는 **수천** 권의 책이 꽂혀 있었습니다.

金 쇠 금

> 뜻 (1) 많은 돈이나 비싼 값. (2) 아주 소중한 것.
>
> 예문 할머니는 나만 보면 '**천금** 같은 손주'라고 하십니다.

 급수 시험
유형 문제

정답 확인

1 다음 밑줄 친 한자어의 음을 쓰세요.

서울시의 인구는 <u>千萬</u> 명이 넘습니다.

2 다음 훈(뜻)과 음(소리)에 맞는 한자를 〈보기〉에서 찾아 그 번호를
쓰세요.

| 〈보기〉 | ① 十 | ② 百 | ③ 千 |

일천 천

3 다음 밑줄 친 단어의 한자어를 〈보기〉에서 찾아 그 번호를 쓰세요.

| 〈보기〉 | ① 數千 | ② 千萬 | ③ 千金 |

태풍으로 <u>수천</u> 명의 승객의 발이 묶였습니다.

정답 쓰기

1

2

3

[복습 한자] 十 열 십
百 일백 백

'千'이 들어가는 말

 천

미래야, 표정이 왜 그래? 무슨 일 있었어?

집에 오는데 골목길에서 자전거가 갑자기 달려 나와서 많이 놀랐어요.

부딪히지 않아 천만다행이네. 골목길에서는 항상 주위를 살펴야 해.

네, 명심하겠습니다.

항상 조심히 다녀. 우리 집 가훈 알지?

천년만년 건강하고 행복하게 살자!

아자!

'천만다행'과 '천년만년'은 무슨 뜻이에요?

'천만다행'은 '아주 다행함'이라는 뜻입니다.
'천년만년'은 '천만년'이라는 뜻으로, 아주 오랜 세월을 말합니다.

발음 듣기

🇰🇷 千 천

🇨🇳 千 치엔

🇯🇵 千 센

오늘 배울 한자를 만나 봅시다.

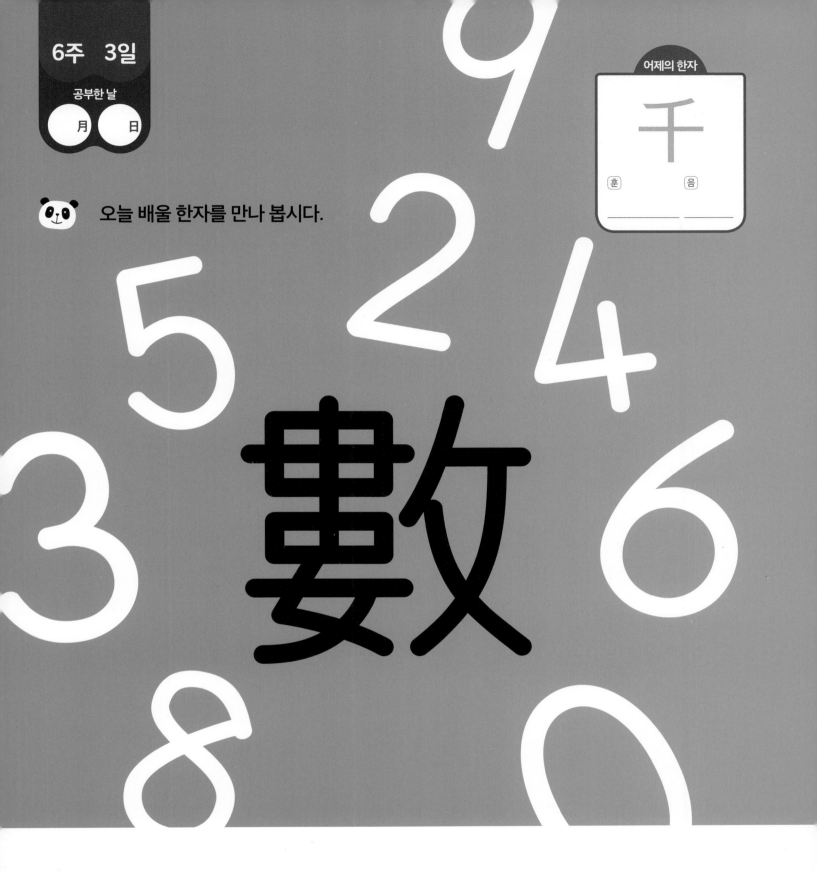

數

數 셈을 뜻하고
수라고 읽어요.

數 셈 수

數

셈 **수**

7급 | 부수 攵 | 총 15획

물건의 개수를 하나하나 헤아려 세는 '셈'을 뜻합니다.

🐼 순서에 맞게 한자를 써 봅시다.

丶 冂 冂 門 門 門 門 婁 婁 婁 婁 婁 婁 數 數

셈 수	셈 수	셈 수	셈 수
셈 수	셈 수	셈 수	셈 수
셈 수	셈 수	셈 수	셈 수

오늘 배운 한자가 쓰인 단어의 뜻을 알아보고, 예문을 읽어 봅시다.

數학 수학
學 배울 학

- 뜻 　숫자와 도형을 연구하는 학문.
- 예문 　한 학기 동안 배운 **수학** 내용을 친구들과 이야기해 봅시다.

점數 수학
點 점 점

- 뜻 　성적을 나타내는 숫자.
- 예문 　콩 주머니를 던져 높은 **점수**를 얻는 사람이 이깁니다.

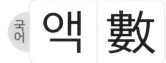
액數 국어
額 이마 액

- 뜻 　돈이 얼마인지 나타내는 수.
- 예문 　주인이 말하는 **액수**와 달랐습니다.

급수 시험 유형 문제

정답 확인

1 　다음 밑줄 친 한자어의 음을 쓰세요.

　　오늘 **數學** 시간에는 주사위 놀이를 했습니다.

2 　다음 한자의 훈(뜻)과 음(소리)을 쓰세요.

　　　　　　數

3 　다음 밑줄 친 단어의 한자어를 〈보기〉에서 찾아 그 번호를 쓰세요.

　〈보기〉　　① 數學　　　② 數千　　　③ 點數

　　열심히 노력한 결과 국어 점수가 많이 올랐습니다.

정답 쓰기

1

2

훈 ------------

음 ------------

3

[복습 한자] 千 일천 천

수학 천재, 가우스

오늘 배울 한자를 만나 봅시다.

算 셈을 뜻하고

산이라고 읽어요.

算 셈 산

算 셈 산

7급 | 부수 竹 | 총 14획

'셈'을 뜻합니다. 옛날에는 대나무 막대기를 하나씩 놓으면서 수를 셌기 때문에 '竹(대나무 죽)'이 한자의 부수로 쓰였습니다.

🐼 순서에 맞게 한자를 써 봅시다.

丿 𠂉 𥫗 竹 竹 竹 𥫗 算 算 筲 筲 筲 算 算

셈산	셈산	셈산	셈산
셈산	셈산	셈산	셈산
셈산	셈산	셈산	셈산

오늘 배운 한자가 쓰인 단어의 뜻을 알아보고, 예문을 읽어 봅시다.

수학 **계 算**
計 셀 계

뜻 (1) 수를 헤아림. (2) 값을 치름.
예문 '23+19'를 어떻게 **계산**하는지 알아봅시다.

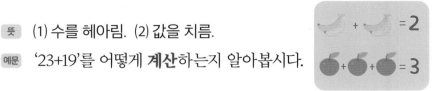

국어 **암 算**
暗 어두울 암

뜻 머릿속으로 계산함. 속셈.
예문 저는 **암산**을 잘합니다.

국어 **算 수**
數 셈 수

뜻 예전에 셈하는 법을 가르치던 과목.
예문 낮에 집에서 **산수** 문제를 풀었습니다.

1 다음 밑줄 친 한자어의 음을 쓰세요.

물건을 고르고 값을 <u>計算</u>했습니다.

2 다음 훈(뜻)과 음(소리)에 맞는 한자를 〈보기〉에서 찾아 그 번호를 쓰세요.

〈보기〉   ① 計   ② 算   ③ 數

셈 산

3 다음 밑줄 친 단어의 한자어를 〈보기〉에서 찾아 그 번호를 쓰세요.

〈보기〉   ① 暗算   ② 計算   ③ 算數

두 자리 수 뺄셈을 <u>암산</u>으로 계산할 수 있습니다.

정답 쓰기
1
2
3

계산하여 '15'를 만들어요

計 算

🐾 가로, 세로, 대각선 숫자의 합이 '15'가 되도록 빈칸에 숫자를 한자로 써 봅시다.

1부터 9까지의 숫자만 써요. 한 번 쓴 숫자는 다시 쓰지 않아요.

1	2	3	4	5	6	7	8	9
一	二	三	四	五	六	七	八	九

발음 듣기

🇰🇷 算 산   🇨🇳 算 쑤안   🇯🇵 算 산

오늘 배울 한자를 만나 봅시다.

同 한가지를 뜻하고
동이라고 읽어요.

同 한가지
동

同

한가지 동

7급 | 부수 口 | 총 6획

'한가지'를 뜻합니다. '한가지'는 모양이나 성질이 서로 같은 것을 말합니다.

순서에 맞게 한자를 써 봅시다.

| 丨 | 冂 | 冃 | 冋 | 同 | 同 |

同	同	同	同
한가지 동	한가지 동	한가지 동	한가지 동
한가지 동	한가지 동	한가지 동	한가지 동
한가지 동	한가지 동	한가지 동	한가지 동

교과서
어휘

오늘 배운 한자가 쓰인 단어의 뜻을 알아보고, 예문을 읽어 봅시다.

국어
時 때 시

뜻 같은 때. 바로 그때.

예문 달리기 경기에서 세 선수가 **동시**에 도착했습니다.

수학
一 한 일

뜻 똑같음. 하나임.

예문 지우개와 길이가 **동일**한 것은 자석입니다.

여름
共 한가지 공

뜻 여럿이 함께 일하거나 물건을 함께 씀.

예문 멋진 모래성은 친구와 나의 **공동** 작품입니다.

급수 시험
유형 문제

정답 확인

1 다음 밑줄 친 한자어의 음을 쓰세요.

두 사람은 <u>同時</u>에 출발했습니다.

2 다음 한자의 훈(뜻)과 음(소리)을 쓰세요.

同

3 다음 한자의 진하게 표시한 획은 몇 번째 쓰는지 〈보기〉에서 찾아 그 번호를 쓰세요.

〈보기〉 ① 첫 번째   ② 두 번째
③ 세 번째   ④ 네 번째

정답 쓰기

1

2

훈 ----------------

음 ----------------

3

'共同'이 들어간 단어를 연결해요
공 동

🐾 그림에 알맞은 단어를 찾아 연결해 봅시다.

❶

㉠ 共同생활
여럿이 서로 도우며
사는 생활.

❷

㉡ 共同 우승
둘 이상의 선수와 팀이
경기에서 이겨
1등을 하는 것.

❸

㉢ 共同 주택
한 건물 안에
여러 집이 있는 주택.

❹

㉣ 共同 구매
여럿이 함께
물건을 싸게 사는 것.

발음 듣기

 同 동

 同 통

 同 도-

7주 1일

공부한 날
月 日

오늘 배울 한자를 만나 봅시다.

어제의 한자

同

훈   음

_____

問 **묻다**를 뜻하고

문이라고 읽어요.

問 물을 문

問

물을 문

| 7급 | 부수 口 | 총 11획 |

음을 나타내는 '門(문 문)'과 뜻을 나타내는 '口(입 구)'를 합해 만든 글자로, 입으로 '묻다'를 뜻합니다.

 순서에 맞게 한자를 써 봅시다.

| 丨 | 𠃌 | 𦥑 | 𦥑 | 𦥑 | 門 | 門 | 門 | 問 | 問 | 問 |

問 물을 문	問 물을 문	問 물을 문	問 물을 문
 물을 문	 물을 문	 물을 문	 물을 문
 물을 문	 물을 문	 물을 문	 물을 문

 오늘 배운 한자가 쓰인 단어의 뜻을 알아보고, 예문을 읽어 봅시다.

봄
質 바탕 질

뜻 알고 싶은 것을 물음.
예문 선생님의 **질문**을 잘 듣고 분명하게 대답합니다.

안전 방 問
訪 찾을 방

뜻 사람이나 장소를 찾아감.
예문 안전 체험관을 **방문**하여 여러 가지 체험을 했습니다.

국어
安 편안 안

뜻 웃어른이 잘 지내는지 여쭘.
예문 할아버지와 할머니께 **문안** 편지를 보냈습니다.

1 다음 밑줄 친 한자어의 음을 쓰세요.

아침저녁으로 <u>問安</u> 인사를 드렸습니다.

2 다음 한자의 훈(뜻)과 음(소리)을 쓰세요.

問

3 다음 밑줄 친 단어의 한자어를 〈보기〉에서 찾아 그 번호를 쓰세요.

| 〈보기〉 | ① 問答 | ② 訪問 | ③ 問安 |

주말에 미술관을 <u>방문</u>할 예정입니다.

정답 쓰기

1

2

훈 _____

음 _____

3

[복습 한자] 쑴 대답 답

질문을 잘 듣고 대답해요

㉵ 質 ㉵ 問

'동문서답'은 동쪽을 묻는데 서쪽을 대답한다는 뜻으로, 묻는 말과는 전혀 상관없는 엉뚱한 대답을 하는 것을 말합니다.

발음 듣기

問 문 问 원 問 몬

오늘 배울 한자를 만나 봅시다.

休 **쉬다**를 뜻하고
휴라고 읽어요.

休 쉴 휴

休

쉴 휴

| 7급 | 부수 亻 | 총 6획 |

사람〔亻〕과 나무〔木〕를 더한 모습을
나타낸 글자로, 나무에 기대어 '쉬다'
를 뜻합니다.

 순서에 맞게 한자를 써 봅시다.

ノ　亻　亻　什　休　休

쉴 휴	쉴 휴	쉴 휴	쉴 휴
쉴 휴	쉴 휴	쉴 휴	쉴 휴
쉴 휴	쉴 휴	쉴 휴	쉴 휴

오늘 배운 한자가 쓰인 단어의 뜻을 알아보고, 예문을 읽어 봅시다.

日 날 일

뜻 일요일이나 공휴일처럼 쉬는 날.

예문 **휴일**에 가족들과 나들이를 다녀왔습니다.

暇 겨를 가

뜻 일을 멈추고 쉼.

예문 여름**휴가**를 할머니 댁에서 보냈습니다.

紙 종이 지

뜻 (1) 쓸모가 없어진 종이. (2) 더러운 것을 닦을 때 쓰는 종이.

예문 물가에서는 **휴지**를 아무 데나 버리면 안 됩니다.

급수 시험
유형 문제

정답 확인

1 다음 밑줄 친 한자어의 음을 쓰세요.

형은 <u>休日</u> 아침마다 늦잠을 잡니다.

2 다음 훈(뜻)과 음(소리)에 맞는 한자를 〈보기〉에서 찾아 그 번호를 쓰세요.

| 〈보기〉 | ① 日 | ② 千 | ③ 休 |

쉴 휴

3 다음 밑줄 친 단어의 한자어를 〈보기〉에서 찾아 그 번호를 쓰세요.

| 〈보기〉 | ① 休校 | ② 休紙 | ③ 休日 |

바닥에 버려진 <u>휴지</u>를 주워 쓰레기통에 넣었습니다.

정답 쓰기

1

2

3

[복습 한자] 千 일천 천
校 학교 교

휴지에 관한 궁금증

 休 紙

휴지는 주로 더러운 것을 닦을 때 쓰거나, 화장실에서 많이 써요.

대부분의 두루마리 휴지는 종이를 재활용해서 만들었어요.

Q1 휴지는 재활용이 안 되나요?

휴지는 더러운 것을 닦아 내는 용도로 사용합니다. 휴지를 재활용하려면 비용이 많이 들고, 효과도 크지 않기 때문에 일반 쓰레기로 버립니다.

Q2 휴지는 변기에 넣어 버려도 되나요?

우리나라는 2018년부터 공중화장실에서 휴지통을 없애기로 했습니다. 공중화장실에서 사용한 휴지는 되도록 변기에 버립니다.

Q3 종이팩을 휴지로 바꿔 주나요?

요즘에는 종이팩을 휴지로 바꿔 주는 주민센터가 많습니다. 종이팩은 일반 종이로 버리면 재활용되지 않으므로, 따로 분리해 버립니다.

발음 듣기

🇰🇷 休 휴

🇨🇳 休 씨우

🇯🇵 休 큐-

오늘 배울 한자를 만나 봅시다.

한자 2-1 7주 3일 - 1

林 수풀을 뜻하고

림 이라고 읽어요.

林 수풀 림

林 수풀 림

7급 | 부수 木 | 총 8획

나무〔木〕에 나무〔木〕를 더한 모습을 나타낸 글자로, '수풀'을 뜻합니다.

🐼 순서에 맞게 한자를 써 봅시다.

一 十 才 木 木 村 材 林

수풀 림	수풀 림	수풀 림	수풀 림
수풀 림	수풀 림	수풀 림	수풀 림
수풀 림	수풀 림	수풀 림	수풀 림

오늘 배운 한자가 쓰인 단어의 뜻을 알아보고, 예문을 읽어 봅시다.

여름 **산 林**

山 메 산

뜻 산과 숲.

예문 **산림** 속에는 벌레가 많아 긴 옷을 입어야 합니다.

국어 **밀 林**

密 빽빽할 밀

뜻 나무가 빽빽하게 우거진 큰 숲. 정글.

예문 지난 주말에 **밀림**처럼 꾸며진 동물원에 다녀왔습니다.

국어 **林 업**

業 업 업

뜻 산이나 숲을 돌보는 산업.

예문 강원도는 나무가 많아 **임업**이 발달했습니다.

 급수 시험 유형 문제

정답 확인

1 다음 밑줄 친 한자어의 음을 쓰세요.

<u>山林</u> 자원을 보존하기 위해 보호 구역을 정했습니다.

2 다음 한자의 훈(뜻)과 음(소리)을 쓰세요.

林

3 다음 밑줄 친 단어의 한자어를 <보기>에서 찾아 그 번호를 쓰세요.

| <보기> | ① 山林 | ② 密林 | ③ 農林 |

사자는 밑줄 밀림의 왕이라고 불립니다.

정답 쓰기

1

2

훈 _____

음 _____

3

[복습 한자] 農 농사 농

밀림에 사는 동물

 密 林

밀림은
어떤 곳인가요?

밀림은 잎이 넓은 나무와 덩굴 식물이 울창한 숲을 이루고 있는 곳으로, 열대 우림이라고도 합니다. 밀림 지역은 일 년 내내 기온이 18℃ 이상이고, 계절의 변화가 거의 없습니다. 거의 매일 소나기가 내리고, 일 년 내내 많은 비가 내립니다.

🐾 밀림에 사는 동물을 찾아봅시다.

① 아나콘다 ② 재규어 ③ 카멜레온 ④ 몽구스 ⑤ 나무늘보 ⑥ 침팬지

林 림

林 린

林 린

오늘 배울 한자를 만나 봅시다.

植　**심다**를 뜻하고

식이라고 읽어요.

植 심을 식

植 심을 식

7급 | 부수 木 | 총 12획

나무를 '심다'는 뜻입니다. '木(나무 목)'이 한자의 부수로 쓰이면 나무나 나무로 만든 물건과 관련된 뜻을 가집니다.

🐼 순서에 맞게 한자를 써 봅시다.

一 十 才 木 朴 柿 柿 柿 柿 植 植 植

심을 식	심을 식	심을 식	심을 식
심을 식	심을 식	심을 식	심을 식
심을 식	심을 식	심을 식	심을 식

오늘 배운 한자가 쓰인 단어의 뜻을 알아보고, 예문을 읽어 봅시다.

국어 **植 물**
物 물건 물

뜻 풀과 나무처럼 땅에 뿌리를 내리고 사는 생물.
예문 오전에 오빠와 여러 가지 **식물**을 보았습니다.

국어 **植 목 일**
木 나무 목　日 날 일

뜻 나무를 심고 가꾸는 날. 4월 5일.
예문 **식목일**을 맞아 학교 뒤뜰에 나무를 심었습니다.

수학 **植 물 원**
物 물건 물　園 동산 원

뜻 여러 가지 식물을 모아 기르면서 연구하는 곳.
예문 **식물원**에서 12명이 내렸습니다.

급수 시험
유형 문제

1 다음 밑줄 친 한자어의 음을 쓰세요.

　　옥상 정원에서 여러 가지 **植物**을 관찰했습니다.

2 다음 훈(뜻)과 음(소리)에 맞는 한자를 〈보기〉에서 찾아 그 번호를 쓰세요.

〈보기〉　① 植　　② 林　　③ 木

심을 식

3 다음 뜻에 맞는 한자어를 〈보기〉에서 찾아 그 번호를 쓰세요.

〈보기〉　① 動植物　　② 植木日　　③ 植物園

나무를 심고 가꾸는 날.

정답 쓰기

1

2

3

[복습 한자] 林 수풀 림
動 움직일 동

식물을 키우는 이유

⟨植⟩ ⟨物⟩

집에서 식물을 키워 본 적이 있나요? 식물이 잘 자라려면 물도 줘야 하고, 너무 덥거나 춥지 않게 관리도 해 줘야 합니다. 식물을 키우는 것은 조금 어려울 수 있지만, 식물을 키우면 우리의 정서와 건강에 매우 좋습니다.

우리는 생활 속에서 식물을 통해 다양한 이로움을 얻고 있어요.

공기를 깨끗하게 해 줘요

식물은 공기 속에 있는 좋지 않은 물질을 깨끗하게 만들어 집 안에 맑은 공기만 남게 해 줍니다.

미세 먼지를 없애 줘요

식물은 미세 먼지의 양을 줄여 줍니다. 식물의 잎이 넓고 클수록 더 많은 미세 먼지를 줄여 줍니다.

즐거움과 안정을 줘요

녹색은 우리의 마음을 편안하게 해 줍니다. 또, 식물이 자라는 모습을 보며 즐거움을 느낄 수 있습니다.

한중일 한자

발음 듣기

🇰🇷 植 식

🇨🇳 植 즈

🇯🇵 植 쇼쿠

 오늘 배울 한자를 만나 봅시다.

村 마을을 뜻하고
촌이라고 읽어요.

村 마을 촌

村 마을 촌

7급 | 부수 木 | 총 7획

뜻을 나타내는 '木(나무 목)'과 음을 나타내는 '寸(마디 촌)'을 합해 만든 글자로, 여러 집이 모여 사는 '마을'을 뜻합니다.

순서에 맞게 한자를 써 봅시다.

一 十 才 才 木 村 村

마을 촌	마을 촌	마을 촌	마을 촌
마을 촌	마을 촌	마을 촌	마을 촌
마을 촌	마을 촌	마을 촌	마을 촌

오늘 배운 한자가 쓰인 단어의 뜻을 알아보고, 예문을 읽어 봅시다.

봄

農 농사 농

뜻 농사짓는 사람들이 모여 사는 마을.

예문 **농촌**을 지나다가 들판에서 일하시는 농부 아저씨를 보았습니다.

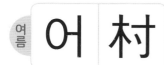

여름

漁 고기 잡을 어

뜻 고기잡이하는 사람들이 모여 사는 마을.

예문 바다 근처에는 작은 **어촌**도 있었습니다.

봄

地 땅 지   球 공 구

뜻 지구가 한 마을처럼 가까워진 것을 이르는 말.

예문 저는 커서 **지구촌** 곳곳을 다니고 싶습니다.

급수 시험
유형 문제

정답 확인

1 다음 밑줄 친 한자어의 음을 쓰세요.

지난 주말에는 외삼촌이 사는 <u>農村</u>에 다녀왔습니다.

2 다음 한자의 훈(뜻)과 음(소리)을 쓰세요.

村

3 다음 한자의 진하게 표시한 획은 몇 번째 쓰는지 〈보기〉에서 찾아 그 번호를 쓰세요.

村

| 〈보기〉 | ① 네 번째 | ② 다섯 번째 |
| | ③ 여섯 번째 | ④ 일곱 번째 |

정답 쓰기

1

2

훈 -----------

음 -----------

3

농촌과 어촌의 모습을 알아봐요

農 村　　漁 村

농촌의 모습

넓은 평야 지대에 자리 잡고 있으며, 기름진 땅과 하천이 있습니다.

논농사와 밭농사를 주로 하며, 쌀, 과일, 채소 등을 생산합니다.

논과 밭을 중심으로, 마을을 이루고 있습니다.

어촌의 모습

바다, 배, 부두, 방파제, 등대를 볼 수 있습니다.

배를 이용하여 바다에 나가 고기를 잡거나 양식을 합니다.

배가 드나들기 좋은 곳에 자리 잡고 있습니다.

발음 듣기

 村 촌　　村 춘　　 村 손

오늘 배울 한자를 만나 봅시다.

住 살다를 뜻하고

주라고 읽어요.

住 살주

住 살 주

7급 | 부수 亻 | 총 7획

뜻을 나타내는 '人(사람 인)'과 음을 나타내는 '主(주인 주)'를 합해 만든 글자로, 사람이 '살다'를 뜻합니다.

순서에 맞게 한자를 써 봅시다.

丿 亻 亻 亻 仁 住 住

住	住	住	住
살 주	살 주	살 주	살 주
살 주	살 주	살 주	살 주
살 주	살 주	살 주	살 주

오늘 배운 한자가 쓰인 단어의 뜻을 알아보고, 예문을 읽어 봅시다.

안전 **住소**
所 바 소

뜻 사는 곳. 집이나 건물을 행정 구역으로 나타낸 이름.
예문 119에 신고할 때는 **주소**를 정확히 말해야 합니다.

안전 **住민**
民 백성 민

뜻 정해진 지역에 살고 있는 사람.
예문 낯선 사람이 괴롭히면 이웃 **주민**에게 도움을 구합니다.

국어 **의 식 住**
衣 옷 의   食 먹을 식

뜻 옷과 음식과 집. 입을 것, 먹을 것, 살 곳.
예문 옛날과 오늘날의 **의식주** 모습은 다릅니다.

급수 시험 유형 문제

정답 확인

1 다음 밑줄 친 한자어의 음을 쓰세요.

편지를 보낼 때는 <u>住所</u>를 정확히 써야 합니다.

2 다음 한자의 훈(뜻)과 음(소리)을 쓰세요.

住

3 다음 밑줄 친 단어의 한자어를 <보기>에서 찾아 그 번호를 쓰세요.

<보기>   ① 住民   ② 住所   ③ 入住

엘리베이터가 고장 나서 <u>주민</u>들이 불편을 겪었습니다.

정답 쓰기

1

2

훈 _____

음 _____

3

[복습 한자] 入 들 입

우리에게 꼭 필요한 의식주

衣 食 住

🐾 보기 와 같이 '의식주'와 관련된 그림을 찾아 연결해 봅시다.

'의식주'에 해당하지 않는 그림도 있으니 주의하세요.

보기

衣 食 住

① ② ③ ④ ⑤ ⑥

住 주

住 쭈

住 쥬-

오늘 배울 한자를 만나 봅시다.

所 바를 뜻하고

소 라고 읽어요.

所 바 소

所

바 소

7급 | 부수 戶 | 총 8획

'바'를 뜻합니다. '바'는 곳이나 장소를 뜻하기도 하고, 앞에서 말한 내용을 받을 때 쓰는 말이기도 합니다.

순서에 맞게 한자를 써 봅시다.

丶 ⺄ ⺈ 户 户 所 所 所

바 소	바 소	바 소	바 소
바 소	바 소	바 소	바 소
바 소	바 소	바 소	바 소

오늘 배운 한자가 쓰인 단어의 뜻을 알아보고, 예문을 읽어 봅시다.

場 마당 장

뜻 어떤 일이 일어나는 곳.
예문 장난감은 정해진 **장소**에서만 가지고 놉니다.

願 원할 원

뜻 어떤 일이 이루어지기를 바람.
예문 미래의 **소원**은 자전거 타기를 성공하는 것입니다.

感 느낄 감

뜻 어떤 일을 겪으면서 느낀 점.
예문 친구들 앞에서 책을 읽은 **소감**을 발표했습니다.

급수 시험
유형 문제

정답 확인

1 다음 밑줄 친 한자어의 음을 쓰세요.

약속 **場所**가 바뀌었다는 연락을 받았습니다.

2 다음 훈(뜻)과 음(소리)에 맞는 한자를 〈보기〉에서 찾아 그 번호를 쓰세요.

| 〈보기〉 | ① 小 | ② 少 | ③ 所 |

바 소

3 다음 밑줄 친 단어의 한자어를 〈보기〉에서 찾아 그 번호를 쓰세요.

| 〈보기〉 | ① 所感 | ② 所願 | ③ 場所 |

욕심쟁이는 <u>소원</u>을 들어준다는 산신령을 찾아갔습니다.

정답 쓰기	
1	
2	
3	

[복습 한자] 小 작을 소
少 적을 소

어리석은 세 가지 소원

所 願

한 젊은 부부가 행복하게 살고 있었습니다.

어느 날, 요정이 찾아왔습니다.

세 가지 소원을 들어줄게요.

부부는 소원으로 무엇을 말할지 고민했습니다.

식사를 준비하던 아내가 별 생각 없이 말했습니다.

소시지 하나만 있었으면……

펑!

남편은 첫 번째 소원이 겨우 소시지 하나였다는 것에 화가 났습니다.

펑!

그 소시지, 당신 코에나 붙었으면 좋겠네.

두 번째 소원도 이루어졌습니다.

이럴 수가!

부부는 마지막 소원으로 아내의 코에 붙은 소시지가 다시 떨어지게 해 달라고 빌었습니다.

발음 듣기

所 소

所 수어

所 쇼

오늘 배울 한자를 만나 봅시다.

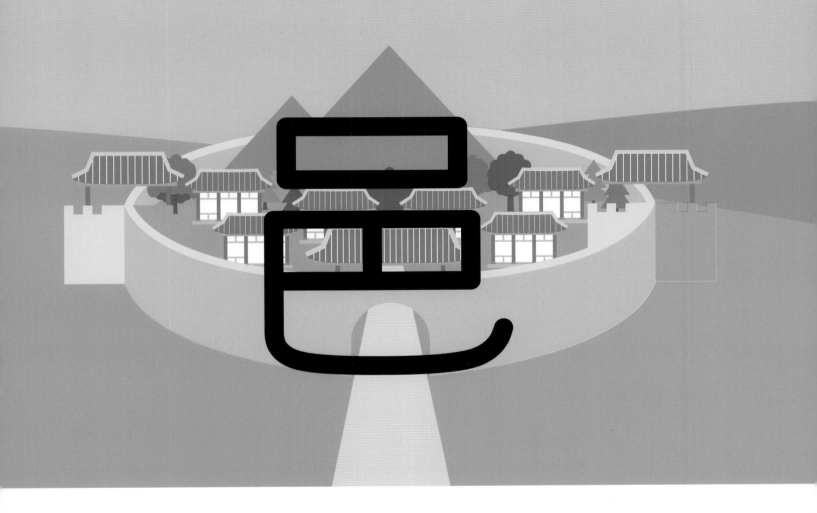

邑 고을을 뜻하고
읍 이라고 읽어요.

邑 고을 읍

邑

고을 읍

| 7급 | 부수 邑 | 총 7획 |

많은 사람이 모여 사는 '고을'을 뜻합니다.

순서에 맞게 한자를 써 봅시다.

丨 冂 冂 吊 吊 吊 邑

邑	邑	邑	邑
고을 읍	고을 읍	고을 읍	고을 읍
고을 읍	고을 읍	고을 읍	고을 읍
고을 읍	고을 읍	고을 읍	고을 읍

교과서 어휘

오늘 배운 한자가 쓰인 단어의 뜻을 알아보고, 예문을 읽어 봅시다.

봄 **邑 내**
內 안 내

뜻 읍(시나 군에 속한 지방 행정 구역 단위)의 안.

예문 예전에는 **읍내**까지 몇십 리 시골길을 걸어 다녔습니다.

국어 **도 邑**
都 도읍 도

뜻 (1) 서울. (2) 옛날에 한 나라의 수도를 이르던 말.

예문 신라의 천 년 **도읍**인 경주에는 수많은 유적이 남아 있습니다.

국어 **도 邑 지**
都 도읍 도   地 땅 지

뜻 한 나라의 서울로 삼은 곳.

예문 백제의 **도읍지**인 부여를 탐방했습니다.

급수 시험 유형 문제

정답 확인

1 다음 밑줄 친 한자어의 음을 쓰세요.

할머니 댁에서 병원에 가려면 <u>邑內</u>로 나가야 합니다.

2 다음 한자의 훈(뜻)과 음(소리)을 쓰세요.

邑

3 다음 한자의 진하게 표시한 획은 몇 번째 쓰는지 〈보기〉에서 찾아 그 번호를 쓰세요.

〈보기〉
① 네 번째   ② 다섯 번째
③ 여섯 번째   ④ 일곱 번째

정답 쓰기

1

2

훈 ----------------

음 ----------------

3

신라의 도읍 경주에 가요

 都 邑

도읍은 지금의 서울처럼 한 나라의 으뜸이 되는 도시를 말합니다.

신라는 경주를 천 년 동안 도읍으로 삼았습니다. 당시 경주는 교통의 중심지로, 주변 지역과 쉽게 오갈 수 있는 길이 있었습니다.

신라의 도읍이었던 경주에는 많은 유물과 유적이 남아 있습니다. 신라의 예술과 문화를 보여 주는 불국사와 석굴암, 신라 문화 유적 지구는 유네스코 세계 문화유산에 등록되었습니다.

경주에서 꼭 가 봐야할 곳을 알아봐요.

국립 경주 박물관

신라와 통일 신라뿐만 아니라 이전의 다양한 유물과 문화재를 볼 수 있는 곳입니다.

첨성대

신라 선덕 여왕 때 세운 천문대로, 동아시아에서 가장 오래된 관측대입니다.

동궁과 월지

왕이 잔치를 열었던 곳으로, 호수와 궁궐이 조화를 이루어 경치가 아름다운 곳입니다.

발음 듣기

 邑 읍

 邑 이

 邑 유-

오늘 배울 한자를 만나 봅시다.

里　마을을 뜻하고

리라고 읽어요.

里　마을 리

里

마을 리

7급 | **부수 里** | **총 7획**

밭[田]과 흙[土]을 더한 모습을 나타낸 글자로, 사람이 모여 사는 '마을'을 뜻합니다.

😊 순서에 맞게 한자를 써 봅시다.

丨 冂 冂 日 旦 甲 里

마을 리	마을 리	마을 리	마을 리
마을 리	마을 리	마을 리	마을 리
마을 리	마을 리	마을 리	마을 리

오늘 배운 한자가 쓰인 단어의 뜻을 알아보고, 예문을 읽어 봅시다.

국어 **里 장**
長 긴 장

뜻 행정 구역인 '이(里)'를 대표하는 사람.

예문 마을의 **이장**님은 혼자 사시는 동네 어른들을 보살폈습니다.

국어 **동 里**
洞 골 동

뜻 마을.

예문 겨울이 되면 **동리** 꼬마들은 꽁꽁 언 논 위에서 썰매를 탔습니다.

여름 **만 里 장 성**
萬 일만 만   長 긴 장   城 재 성

뜻 중국 북쪽에 있는 아주 긴 성.

예문 **만리장성**은 위대한 건축물로 손꼽힙니다.

 급수 시험 유형 문제

정답 확인

1 다음 밑줄 친 한자어의 음을 쓰세요.

<u>里長</u>님은 마을의 궂은일을 도맡아 하십니다.

2 다음 훈(뜻)과 음(소리)에 맞는 한자를 〈보기〉에서 찾아 그 번호를 쓰세요.

| 〈보기〉 | ① 邑 | ② 里 | ③ 村 |

마을 리

3 다음 밑줄 친 단어의 한자어를 〈보기〉에서 찾아 그 번호를 쓰세요.

| 〈보기〉 | ① 洞里 | ② 里長 | ③ 萬里 |

온 <u>동리</u> 사람들이 모여 잔치를 했습니다.

정답 쓰기

1	
2	
3	

[복습 한자] 邑 고을 읍
村 마을 촌

만리장성에 대해 알아봐요

萬 里 長 城

만리장성은 중국 진나라의 진시황제 때 쌓은 성으로, 북쪽에서 쳐들어오는 적의 침입을 막기 위해 만들었습니다. 만리장성을 쌓아 자기 나라의 땅과 국민을 보호하고, 다른 민족과의 경계선을 그어 국경을 관리할 수 있었습니다.

 만리장성은 정말 만 리인가요?

만리장성은 흙벽돌로 만들어져 대부분 무너졌고, 계속된 수리 작업으로 완성 당시의 만리장성보다 길이가 늘어났습니다. 현재의 만리장성은 약 1만 6천 리(6,400km)입니다.

달에서는 만리장성이 보이지 않습니다.

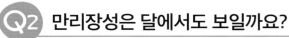 **만리장성은 달에서도 보일까요?**

달에서도 만리장성이 보인다는 이야기가 있습니다. 그러나 실제 달에 직접 가 본 우주인 말에 따르면 달에서는 지구의 그 어떤 건축물도 볼 수 없다고 합니다.

발음 듣기

 里 리

 里 리

 里 리

어제의 한자

里

훈 음

 오늘 배울 한자를 만나 봅시다.

洞 골을 뜻하고
동이라고 읽어요.

洞 골동

洞

골동

7급 | 부수 氵 | 총 9획

'골'을 뜻합니다. '골'에는 고을이라는 뜻도 있고, 산과 산 사이에 움푹 들어간 곳인 골짜기라는 뜻도 있습니다.

 순서에 맞게 한자를 써 봅시다.

丶 丶 冫 氵 汀 汀 洞 洞 洞

골동	골동	골동	골동
골동	골동	골동	골동
골동	골동	골동	골동

오늘 배운 한자가 쓰인 단어의 뜻을 알아보고, 예문을 읽어 봅시다.

여름
洞 구
口 입구

뜻 동네 어귀.
예문 할머니는 **동구** 밖까지 배웅해 주셨습니다.

안전
洞 장
長 긴장

뜻 (1) 동네의 우두머리. (2) 동사무소에서 직위가 으뜸인 사람.
예문 **동장**은 어려운 이웃들을 찾아다니며 도와주었습니다.

봄
洞 굴
窟 굴 굴

뜻 자연적으로 생긴 깊고 넓은 큰 굴.
예문 **동굴**에서 겨울잠을 자던 동물들도 봄이 되면 모두 깨어납니다.

급수 시험
유형 문제

정답 확인

1 다음 밑줄 친 한자어의 음을 쓰세요.

어머니는 <u>洞口</u> 밖까지 마중을 나오셨습니다.

2 다음 한자의 훈(뜻)과 음(소리)을 쓰세요.

洞

3 다음 뜻에 맞는 한자어를 〈보기〉에서 찾아 그 번호를 쓰세요.

〈보기〉　① 洞長　　② 洞口　　③ 洞里

동네의 우두머리.

정답 쓰기

1

2

훈 _____

음 _____

3

[복습 한자] 里 마을 리

어두운 동굴에 사는 박쥐

洞 窟

이곳은 어디일까요?

① 더위 걱정이 없습니다.
② 위에서 아래로, 아래에서 위로 기둥들이 많습니다.
③ 어두운 곳이지만 생명체가 삽니다.

바로 동굴이에요.

동굴

동굴은 자연적으로 생긴 깊고 넓은 큰 굴입니다. 일 년 내내 15℃ 안팎의 기온을 유지하고, 불빛 없이는 바로 앞도 볼 수 없는 곳입니다.

최근에는 자연 그대로인 동굴의 가치가 알려지면서 관광지로 인기를 얻고 있습니다.

동굴에 사는 박쥐

박쥐는 어두운 동굴에 거꾸로 매달려 생활합니다. 낮에는 쉬고 밤에 활동하며, 시력이 나쁜 대신 소리를 잘 듣습니다. 어두운 곳에서는 사람이 들을 수 없는 초음파를 이용해서 날아다닙니다.

발음 듣기

洞 동   洞 똥   洞 도-

어제의 한자

洞

훈 음
_____

오늘 배울 한자를 만나 봅시다.

有 있다를 뜻하고
유라고 읽어요.

有 있을 유

有 　　있을 **유**

7급 | 부수 月 | 총 6획

어떤 곳에 '있다'는 뜻입니다.

※ 상대(반대)되는 한자: 有(있을 유) ↔ 無(없을 무)

🐼 순서에 맞게 한자를 써 봅시다.

一 ナ 才 冇 冇 有

有	有	有	有
있을 유	있을 유	있을 유	있을 유
있을 유	있을 유	있을 유	있을 유
있을 유	있을 유	있을 유	있을 유

교과서 어휘

오늘 배운 한자가 쓰인 단어의 뜻을 알아보고, 예문을 읽어 봅시다.

국어
소 有
所 바 소

뜻 어떤 것을 자기 것으로 가지고 있음.

예문 양반은 **소유**하고 있던 돈이 서른 냥이라고 거짓말했습니다.

봄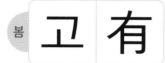
고 有
固 굳을 고

뜻 처음부터 가지고 있는 특별한 것.

예문 내 손가락에는 나의 **고유**한 지문이 있습니다.

봄
有 명
名 이름 명

뜻 이름이 널리 알려짐.

예문 꽃놀이로 **유명**한 공원에는 많은 사람들이 찾아옵니다.

급수 시험 유형 문제

정답 확인

1 다음 밑줄 친 한자어의 음을 쓰세요.

　　주말마다 각 지역의 **有名**한 곳을 찾아 다녔습니다.

2 다음 한자의 훈(뜻)과 음(소리)을 쓰세요.

有

3 다음 밑줄 친 단어의 한자어를 〈보기〉에서 찾아 그 번호를 쓰세요.

〈보기〉　　① 有名　　② 所有　　③ 固有

개인 <u>소유</u> 물건을 잃어버리지 않도록 조심합시다.

정답 쓰기

1

2

훈 ⎯⎯⎯⎯⎯⎯⎯⎯

음 ⎯⎯⎯⎯⎯⎯⎯⎯

3

한국, 중국, 일본 고유의 전통 의상

固 有

> 나라별로 다른 특색을 가진 전통 의상이 있어요.

> 한국, 중국, 일본의 전통 의상을 알아볼까요?

한국의 한복

우리 민족 고유의 옷인 한복은 아름답고 화려하면서도 선이 단정한 것이 특징입니다. 치파오나 기모노와 달리 상의와 하의가 나뉘어 있습니다.

중국의 치파오

치파오는 중국 만주족의 옷에서 유래된 것으로, 원피스 형태의 여성 의복을 말합니다. 색이 화려하고 치마에 옆트임을 주어 실용성을 강조했습니다. 주로 결혼식 때 입습니다.

일본의 기모노

기모노는 길고 넓은 소매에 티(T)자 형태의 겉옷으로 되어 있습니다. 옷고름이나 단추가 없어서 옷을 입고 허리에 넓은 허리띠를 두릅니다. 주로 성인식, 결혼식 때 입습니다.

한중일 한자
발음 듣기

 有 유   有 여우   有 유-

 오늘 배울 한자를 만나 봅시다.

來 　오다를 뜻하고
　　래라고 읽어요.

來 올 래

來 올래

7급 | 부수人 | 총8획

{ 말하는 사람 쪽으로 '오다'라는 뜻을 나타낸 글자입니다. }

순서에 맞게 한자를 써 봅시다.

一 　 厂 　 厂 　 厂 　 厂 　 來 　 來 　 來

	來	來	來
올래	올래	올래	올래
올래	올래	올래	올래
올래	올래	올래	올래

교과서 어휘

오늘 배운 한자가 쓰인 단어의 뜻을 알아보고, 예문을 읽어 봅시다.

여름 來일
日 날 일

뜻 (1) 다음 날. (2) 다가올 앞날.
예문 **내일**은 물놀이를 하러 바다에 갑니다.

봄 미來
未 아닐 미

뜻 앞으로 올 날. 앞날.
예문 내 꿈을 생각하며 **미래**의 나의 모습을 그렸습니다.

봄 전來
傳 전할 전

뜻 옛날부터 전해 오거나 다른 나라에서 전해 들어온 것.
예문 수업 시간에 친구들과 **전래** 동요를 불렀습니다.

급수 시험 유형 문제

정답 확인

1 다음 밑줄 친 한자어의 음을 쓰세요.

<u>來日</u> 낮에는 기온이 30도까지 오르겠습니다.

2 다음 훈(뜻)과 음(소리)에 맞는 한자를 〈보기〉에서 찾아 그 번호를 쓰세요.

| 〈보기〉 | ① 日 | ② 來 | ③ 入 |

올 래

3 다음 밑줄 친 단어의 한자어를 〈보기〉에서 찾아 그 번호를 쓰세요.

| 〈보기〉 | ① 外來 | ② 來日 | ③ 未來 |

식용 곤충이 <u>미래</u> 식량 자원으로 주목받고 있습니다.

정답 쓰기

1

2

3

[복습 한자] 入 들 입
　　　　　外 바깥 외

전래 동화 〈반쪽이〉

어느 부부가 삼 형제를 낳았습니다. 막내는 눈과 귀, 팔과 다리가 하나만 있는 '반쪽이'었습니다.

어느 날, 아버지가 호랑이에게 물려 죽자 형제들은 그 호랑이를 찾아 나섰습니다.

두 형은 반쪽이를 나무에 묶어 놓고 갔지만, 힘이 센 반쪽이가 나무를 뽑고 따라왔습니다.

힘이 센 반쪽이가 그 호랑이를 맨손으로 잡았습니다.

호랑이 가죽을 가진 반쪽이를 본 어느 욕심 많은 부자가 반쪽이에게 내기를 하자고 했습니다.

꾀가 많은 반쪽이는 밤중에 마당에 벌레를 풀어 소동이 일어나게 하고, 딸을 데리고 나왔습니다.

반쪽이는 부잣집 딸과 결혼해서 행복하게 살았습니다.

來 래

来 라이

来 라이

 오늘 배울 한자를 만나 봅시다.

育 **기르다**를 뜻하고

육이라고 읽어요.

育 기를 육

育

기를 **육**

| 7급 | 부수 月 | 총 8획 |

부모가 아이를 낳아 '기르다'는 뜻을 나타낸 글자입니다.

🐼 순서에 맞게 한자를 써 봅시다.

丶　亠　云　去　产　产　育　育

育	育	育	育
기를 육	기를 육	기를 육	기를 육
기를 육	기를 육	기를 육	기를 육
기를 육	기를 육	기를 육	기를 육

오늘 배운 한자가 쓰인 단어의 뜻을 알아보고, 예문을 읽어 봅시다.

봄 **育 아**
兒 아이 아

> 뜻 아이를 기름.
> 예문 엄마의 **육아** 일기에는 내가 자라 온 과정이 써 있었습니다.

국어 **체 育**
體 몸 체

> 뜻 운동으로 몸을 튼튼하게 기르는 일.
> 예문 **체육** 시간에 넘어진 친구를 위로해 주었습니다.

안전 **교 育**
教 가르칠 교

> 뜻 지식이나 기술을 가르치고 바르게 이끌어 주는 일.
> 예문 엄마와 함께 교통 안전 **교육**에 참석합니다.

급수 시험
유형 문제

정답 확인

1 다음 밑줄 친 한자어의 음을 쓰세요.

그 선생님은 평생 어린이 **教育**에 힘썼습니다.

2 다음 한자의 훈(뜻)과 음(소리)을 쓰세요.

育

3 다음 뜻에 맞는 한자어를 〈보기〉에서 찾아 그 번호를 쓰세요.

〈보기〉   ① 教育   ② 育兒   ③ 體育

아이를 기름.

정답 쓰기
1
2
훈
음
3

다른 그림 찾기 - 체육 수업

 體 育

🐾 두 그림에서 서로 다른 부분 5곳을 찾아 ○표 해 봅시다.

🇰🇷 育 육　　🇨🇳 育 위　　🇯🇵 育 이쿠

 오늘 배울 한자를 만나 봅시다.

登 **오르다**를 뜻하고
등이라고 읽어요.

登 오를 등

登

오를 **등**

{ 아래에서 위쪽으로 '오르다'를 뜻합니다. }

| 7급 | 부수 癶 | 총 12획 |

 순서에 맞게 한자를 써 봅시다.

| ﾉ | ﾌ | ﾌ | ﾌﾞ | ﾌﾞ | 癶 | 癶 | 癶 | 祭 | 登 | 登 | 登 | 登 |

오를 등	오를 등	오를 등	오를 등
오를 등	오를 등	오를 등	오를 등
오를 등	오를 등	오를 등	오를 등

오늘 배운 한자가 쓰인 단어의 뜻을 알아보고, 예문을 읽어 봅시다.

校 학교 교

뜻 학교에 감.

예문 **등교**할 때는 안전한 길로 조심히 갑니다.

場 마당 장

뜻 (1) 무대 위에 올라옴. (2) 세상에 처음으로 나옴.

예문 이야기에 **등장**하는 인물처럼 생각하고 대답했습니다.

錄 기록할 록

뜻 문서에 이름을 올림.

예문 여름 방학에는 피아노 학원에 **등록**하려고 합니다.

급수 시험 유형 문제

정답 확인

1 다음 밑줄 친 한자어의 음을 쓰세요.

매일 아침 동생과 함께 **登校**합니다.

2 다음 훈(뜻)과 음(소리)에 맞는 한자를 〈보기〉에서 찾아 그 번호를 쓰세요.

| 〈보기〉 | ① 出 | ② 場 | ③ 登 |

오를 등

3 다음 밑줄 친 단어의 한자어를 〈보기〉에서 찾아 그 번호를 쓰세요.

| 〈보기〉 | ① 登場 | ② 登校 | ③ 登山 |

그림 속에 <u>등장</u>하는 여자아이가 겪은 일을 말해 봅시다.

정답 쓰기
1
2
3

[복습 한자] 出 날 출
山 메 산

동화 속 등장인물을 연결해요

登 場

🐾 동화에서 짝이 되는 등장인물을 찾아 연결해 봅시다.

①  콩쥐

②  백설 공주

③  선녀

④  견우

⑤  미녀

㉠  난쟁이

㉡  직녀

㉢  팥쥐

㉣  야수

㉤  나무꾼

발음 듣기

 登 등

 登 떵

登 토-

오늘 배울 한자를 만나 봅시다.

重 무겁다를 뜻하고
중이라고 읽어요.

重 무거울
중

重

무거울 **중**

| 7급 | 부수 里 | 총 9획 |

'무겁다'를 뜻합니다. '소중하다'라는 뜻으로도 쓰입니다.

 순서에 맞게 한자를 써 봅시다.

一 二 仨 一 台 台 盲 重 重

重	重	重	重
무거울 중	무거울 중	무거울 중	무거울 중
무거울 중	무거울 중	무거울 중	무거울 중
무거울 중	무거울 중	무거울 중	무거울 중

오늘 배운 한자가 쓰인 단어의 뜻을 알아보고, 예문을 읽어 봅시다.

체 重
體 몸 체

뜻 몸의 무게. 몸무게.

예문 건강을 위해 한 달에 한 번씩 **체중**을 잽니다.

重 요
要 요긴할 요

뜻 귀중하고 꼭 필요함.

예문 자신의 생각도 **중요**하지만 다른 생각이 옳을 때도 있습니다.

소 重
所 바 소

뜻 매우 귀하고 중요함.

예문 우리는 모두가 귀하고 **소중**한 존재입니다.

급수 시험 유형 문제

정답 확인

1 다음 밑줄 친 한자어의 음을 쓰세요.

친구와 함께 보내는 시간은 <u>所重</u>합니다.

2 다음 한자의 훈(뜻)과 음(소리)을 쓰세요.

重

3 다음 한자의 진하게 표시한 획은 몇 번째 쓰는지 〈보기〉에서 찾아 그 번호를 쓰세요.

重

| 〈보기〉 | ① 여섯 번째 | ② 일곱 번째 |
| | ③ 여덟 번째 | ④ 아홉 번째 |

정답 쓰기

1

2

훈 _____

음 _____

3

나의 몸은 소중해요

所 重

머리카락

두피와 뇌를 보호해 주고, 뜨거운 햇빛이 두피로 바로 전해지지 않게 막아 줍니다.

속눈썹

속눈썹은 먼지나 벌레가 눈으로 들어오지 못하게 막아주고, 빛을 차단해 줍니다.

배꼽

배꼽은 엄마 배 속에서 영양분을 전해 주던 탯줄이 있었던 자리입니다.

손톱

손톱은 손가락 끝을 보호하고, 작은 물건을 쉽게 잡을 수 있게 해 줍니다.

발톱

발톱은 발가락 끝을 보호하고, 제대로 걸을 수 있게 해 줍니다.

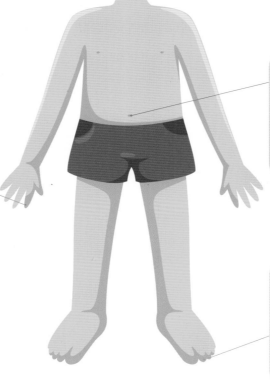

발음 듣기

重 중　　重 쭝　　重 쥬-

오늘 배울 한자를 만나 봅시다.

便 **편하다**를 뜻하고
편이라고 읽어요.

便 편할 편

便

편할 **편**
똥오줌 **변**

| 7급 | 부수 亻 | 총 9획 |

'편하다'를 뜻합니다. 똥과 오줌을 누면 배 속이 편안하다는 데서 '똥, 오줌'을 뜻하기도 합니다.

 순서에 맞게 한자를 써 봅시다.

丿 亻 仁 仟 仴 伂 佰 便 便

편할 편 / 똥오줌 변	편할 편 / 똥오줌 변	편할 편 / 똥오줌 변	편할 편 / 똥오줌 변
편할 편 / 똥오줌 변	편할 편 / 똥오줌 변	편할 편 / 똥오줌 변	편할 편 / 똥오줌 변
편할 편 / 똥오줌 변	편할 편 / 똥오줌 변	편할 편 / 똥오줌 변	편할 편 / 똥오줌 변

오늘 배운 한자가 쓰인 단어의 뜻을 알아보고, 예문을 읽어 봅시다.

국어 **便 리**
편할 편　利 이할 리

뜻　편하고 이용하기 쉬움.

예문　우리 생활을 **편리**하게 만들어 주는 것을 찾아봅시다.

국어 **便 지**
편할 편　紙 종이 지

뜻　하고 싶은 말을 써서 보내는 글.

예문　고마운 마음을 전하는 **편지**를 써 봅시다.

국어 **便 기**
똥오줌 변　器 그릇 기

뜻　똥이나 오줌을 누는 통.

예문　아빠는 아침마다 **변기**에 앉아서 신문을 읽습니다.

급수 시험
유형 문제

정답 확인

1 다음 밑줄 친 한자어의 음을 쓰세요.

　　우리 주변에는 여러 가지 <u>便利</u>한 교통수단이 있습니다.

2 다음 한자의 훈(뜻)과 음(소리)을 쓰세요.

便

3 다음 밑줄 친 단어의 한자어를 <보기>에서 찾아 그 번호를 쓰세요.

<보기>　　① 便安　　　② 便紙　　　③ 便利

　　예쁜 종이에 <u>편지</u>를 써서 보냈습니다.

정답 쓰기

1

2

훈　------------

음　------------

3

[복습 한자] 安 편안 안

여러 가지 음과 뜻을 가진 '便'
편 / 변

① 편할 편

- 편의점(便宜店) 먹을거리나 물건을 파는 가게.
- 간편(簡便) 간단하고 편리함.

② 똥오줌 변

- 변소(便所) 똥오줌을 누게 만들어 놓은 곳.
- 대변(大便) 똥.

한중일 한자

便 편 / 변
便 비엔
便 벤

오늘 배울 한자를 만나 봅시다.

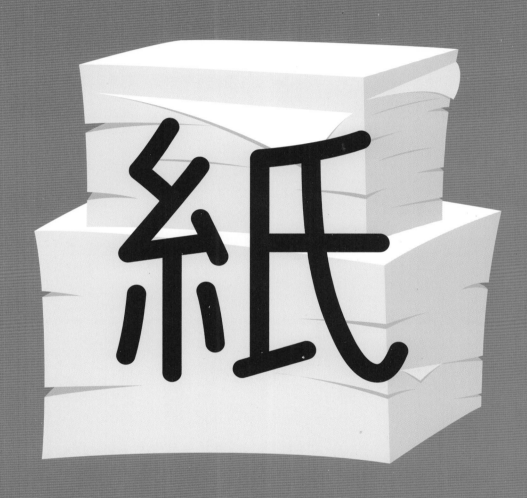

紙 종이를 뜻하고
지라고 읽어요.

紙 종이 지

紙

종이 지

7급 | 부수 糸 | 총 10획

글씨를 쓰거나 그림을 그리는 '종이'를 나타내는 글자입니다.

순서에 맞게 한자를 써 봅시다.

乙 乙 幺 幺 糸 糸 糸 紅 紅 紙 紙

종이 지	종이 지	종이 지	종이 지
종이 지	종이 지	종이 지	종이 지
종이 지	종이 지	종이 지	종이 지

오늘 배운 한자가 쓰인 단어의 뜻을 알아보고, 예문을 읽어 봅시다.

여름 **색 紙**
色 빛 색

뜻 색종이. 여러 색깔로 물들인 종이.
예문 **색지**를 나무 모양으로 오리고 붙여 봅시다.

봄 **백 紙**
白 흰 백

뜻 흰 종이나 빈 종이.
예문 커다란 **백지** 위에 몸을 본떠서 그렸습니다.

여름 **도 화 紙**
圖 그림 도   畫 그림 화

뜻 그림을 그리는 데 쓰는 종이.
예문 **도화지**에 나무 모양을 그려서 색칠했습니다.

급수 시험
유형 문제

정답 확인

1 다음 밑줄 친 한자어의 음을 쓰세요.

내일 준비물은 사인펜과 두꺼운 <u>色紙</u>입니다.

2 다음 훈(뜻)과 음(소리)에 맞는 한자를 〈보기〉에서 찾아 그 번호를 쓰세요.

〈보기〉	① 紙	② 地	③ 色

종이 지

3 다음 밑줄 친 단어의 한자어를 〈보기〉에서 찾아 그 번호를 쓰세요.

〈보기〉	① 休紙	② 色紙	③ 白紙

<u>백지</u>를 접어 하얀 종이배를 만들었습니다.

정답 쓰기

1

2

3

[복습 한자] 地 땅 지
休 쉴 휴

종이는 이렇게 발명됐어요

옛날에는 어디에 글을 썼을까요?

종이가 없던 옛날에는 부드러운 흙에 막대기로 글을 써서 말리기도 하고, 돌이나 나무에 글을 새겨 넣기도 했습니다. 하지만 돌이나 나무는 크고 무거워서 들고 다닐 수 없었습니다. 비단 같은 천에 글을 쓰기도 했는데, 너무 비싸서 많은 사람이 사용할 수는 없었습니다.

식물에 어떻게 글을 쓰나요?

옛날 이집트인들은 강에서 자라는 '파피루스'라는 식물로 종이와 비슷한 것을 만들었습니다. 평평하게 만든 파피루스를 여러 장 연결하여 두루마리 형태로 사용했습니다. 종이를 뜻하는 영어 단어인 '페이퍼(paper)'는 파피루스에서 나온 단어라고 합니다.

우리가 쓰는 종이는 누가 만들었나요?

종이는 중국의 4대 발명품 중의 하나로, 채륜이 발명했습니다. 채륜은 무거운 나무나 비싼 비단에 비해, 얇으면서 튼튼한 종이를 개발했습니다. 종이의 발명으로 글과 그림을 쉽게 기록할 수 있게 되었고, 세상이 더욱 발전할 수 있었습니다.

발음 듣기

🇰🇷 紙 지　　🇨🇳 纸 즈　　🇯🇵 紙 시

오늘 배울 한자를 만나 봅시다.

命 목숨을 뜻하고
명이라고 읽어요.

命 목숨 명

命 목숨 명

7급 | 부수 口 | 총 8획

'목숨'을 뜻합니다. '목숨'은 숨을 쉬며 살아가는 힘을 뜻합니다.

 순서에 맞게 한자를 써 봅시다.

ノ 人 人 今 合 合 命 命

목숨 명	목숨 명	목숨 명	목숨 명
목숨 명	목숨 명	목숨 명	목숨 명
목숨 명	목숨 명	목숨 명	목숨 명

오늘 배운 한자가 쓰인 단어의 뜻을 알아보고, 예문을 읽어 봅시다.

안전

救 구원할 구

뜻 사람의 목숨을 구함.

예문 배를 탔을 때는 **구명**조끼의 위치와 사용법을 미리 확인합니다.

국어

運 옮길 운

뜻 이미 정해져 있는 목숨이나 처지.

예문 두 사람은 호랑이 배 속에서 **운명**적으로 만났습니다.

국어

中 가운데 중

뜻 화살이나 총알이 겨냥한 곳에 딱 맞음.

예문 그는 눈을 감고 화살을 쏘았지만 과녁에 **명중**했습니다.

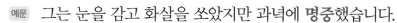

급수 시험 유형 문제

정답 확인

1 다음 밑줄 친 한자어의 음을 쓰세요.

그가 쏜 화살은 호랑이의 가슴에 **命中**했습니다.

2 다음 한자의 훈(뜻)과 음(소리)을 쓰세요.

命

3 다음 밑줄 친 단어의 한자어를 〈보기〉에서 찾아 그 번호를 쓰세요.

| 〈보기〉 | ① 生命 | ② 命中 | ③ 運命 |

주인공은 사랑하는 사람을 만나지 못하는 <u>운명</u>을 슬퍼했습니다.

정답 쓰기

1

2

훈 _____

음 _____

3

[복습 한자] 生 날 생

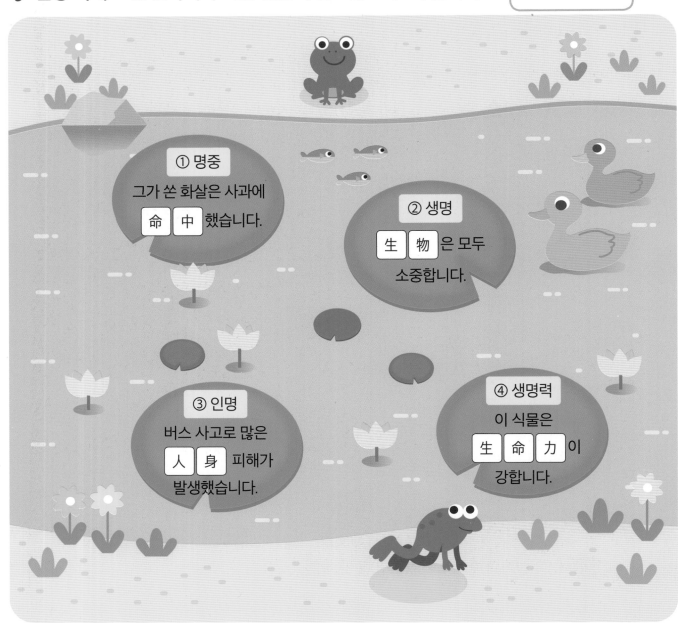

교과서通 한자王

'命'이 들어간 단어를 공부해요
명

문장 속에 쓰인 한자어가 바른 연잎의 번호를 모두 써 봅시다.

한중일 한자

命 명

命 밍

命 메-

오늘 배울 한자를 만나 봅시다.

歌 노래를 뜻하고

가 라고 읽어요.

歌 노래 가

歌 노래 **가** { '노래'를 뜻합니다. }

7급 | 부수 欠 | 총 14획

🐼 순서에 맞게 한자를 써 봅시다.

一 丁 〒 可 可 可 哥 哥 哥 哥 歌 歌 歌

歌	歌	歌	歌
노래 가	노래 가	노래 가	노래 가
노래 가	노래 가	노래 가	노래 가
노래 가	노래 가	노래 가	노래 가

교과서 어휘

오늘 배운 한자가 쓰인 단어의 뜻을 알아보고, 예문을 읽어 봅시다.

여름 **歌 요**
謠 노래 요

뜻 많은 사람이 즐겨 부르는 노래.

예문 아빠는 요즘 유행하는 **가요**를 부르는 것을 좋아하십니다.

국어 **교 歌**
校 학교 교

뜻 학교를 나타내는 노래.

예문 우리 학교의 **교가**는 학생들이 직접 가사를 썼습니다.

여름 **축 歌**
祝 빌 축

뜻 축하하는 뜻으로 부르는 노래.

예문 이모 결혼식에서 가족들이 함께 **축가**를 불렀습니다.

급수 시험 유형 문제

정답 확인

1 다음 밑줄 친 한자어의 음을 쓰세요.

조회 시간에 전교생이 <u>校歌</u>를 불렀습니다.

2 다음 훈(뜻)과 음(소리)에 맞는 한자를 〈보기〉에서 찾아 그 번호를 쓰세요.

〈보기〉　① 歌　　② 校　　③ 家

노래 가

3 다음 밑줄 친 단어의 한자어를 〈보기〉에서 찾아 그 번호를 쓰세요.

〈보기〉　① 歌手　　② 校歌　　③ 祝歌

합창단 선배들이 입학식 기념 <u>축가</u>를 불렀습니다.

정답 쓰기

| 1 |
| 2 |
| 3 |

[복습 한자] 家 집 가
手 손 수

사방에서 들리는 초나라의 노래

歌

歌 가

歌 꺼

歌 카

오늘 배울 한자를 만나 봅시다.

旗 **기**를 뜻하고
기라고 읽어요.

旗 기 기

旗

기 기

7급 | 부수方 | 총14획

바람에 펄럭이는 '기', '깃발'을 뜻합니다.

🐼 순서에 맞게 한자를 써 봅시다.

丶 二 亍 方 方 ガ 扩 扩 旂 旂 旃 旌 旗 旗

기 기	기 기	기 기	기 기
기 기	기 기	기 기	기 기
기 기	기 기	기 기	기 기

오늘 배운 한자가 쓰인 단어의 뜻을 알아보고, 예문을 읽어 봅시다.

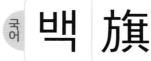
국어 **백 旗**
白 흰 백

뜻 (1) 흰 깃발. (2) 싸움에서 졌다는 뜻으로 보이는 흰 깃발.
예문 호랑이는 **백기**를 들고 항복했습니다.

여름 **旗 수**
手 손 수

뜻 깃발을 든 사람.
예문 선수단의 **기수**가 태극기를 들고 입장합니다.

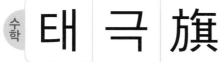
수학 **태 극 旗**
太 클 태   極 다할 극

뜻 우리나라의 국기.
예문 **태극기**에서 원을 찾아봅시다.

급수 시험
유형 문제

정답 확인

1 다음 밑줄 친 한자어의 음을 쓰세요.

청군과 백군의 <u>旗手</u>가 함께 입장하고 있습니다.

2 다음 한자의 훈(뜻)과 음(소리)을 쓰세요.

旗

3 다음 한자의 진하게 표시한 획은 몇 번째 쓰는지 〈보기〉에서 찾아 그 번호를 쓰세요.

旗

〈보기〉   ① 첫 번째   ② 두 번째
③ 세 번째   ④ 네 번째

정답 쓰기

1

2
훈 _____
음 _____

3

우리나라의 국기, 태극기

太 極 旗

우리나라의 국기는 '태극기'입니다. 흰색 바탕에 가운데에는 태극무늬가, 네 모서리에는 4괘(건곤감리)가 그려져 있습니다. 우리 민족은 태극무늬의 뜻처럼 평화롭고 조화롭게 살아가는 나라가 되기를 소망했습니다.

태극기는 주로 삼일절, 현충일, 광복절과 같이 우리나라의 중요한 기념일이나 행사가 있는 날에 길이나 집 밖의 대문, 베란다에 답니다.

흰색 바탕
밝음과 순수, 평화를 사랑하는
우리의 민족성을 나타냅니다.

건
하늘을 뜻합니다.

감
물을 뜻합니다.

이
불을 뜻합니다.

곤
땅을 뜻합니다.

태극무늬
음(파랑)과 양(빨강)의
조화를 나타냅니다.

旗 기　　旗 치　　旗 키

7級	70문항	50분 시험	시험 일자: 20○○. ○○. ○○.

* 성명과 수험 번호를 쓰고 문제지와 답안지는 함께 제출하세요.

성명 _____ 수험 번호 ☐☐☐-☐☐-☐☐☐☐

[문제 1-32] 다음 밑줄 친 漢字語한자어의 흡음을 쓰세요.

〈 보기 〉
漢字 ⇒ 한자

[1] 오늘 間食은 빵과 우유입니다.

[2] 下校 시간이 되자 모두 한꺼번에 나왔습니다.

[3] 아버지의 직업은 木手입니다.

[4] 우리 집 食口는 다섯 명입니다.

[5] 그는 팔순의 老母를 모시고 삽니다.

[6] 친구에게 心中에 있는 말을 털어놓았습니다.

[7] 길을 건너기 전에는 左右를 살펴야 합니다.

[8] 매년 秋夕에는 성묘를 갑니다.

[9] 건강을 위하여 每日 현미밥을 먹습니다.

[10] 時間이 날 때마다 달리기를 합니다.

[11] 나라를 위해 靑春을 바쳤습니다.

[12] 경주는 千年의 역사를 간직한 곳입니다.

[13] 나는 算數를 잘 못합니다.

[14] 승객이 먼저 下車한 뒤 승차해 주세요.

[15] 답안지를 白紙 상태로 제출했습니다.

[16] 봄비에 大地가 촉촉이 젖었습니다.

[17] 산과 들에 草木이 잘 자라고 있습니다.

[18] 山川에 꽃들이 만발하였습니다.

[19] 설날 아침에 東海로 여행을 갑니다.

[20] 활발하고 生氣가 넘칩니다.

〈계속〉

[21] 친구를 따라 <u>江南</u>으로 갑니다.

[22] 가을이 되자 <u>農夫</u>들이 바빠졌습니다.

[23] 드디어 백마 탄 <u>王子</u>님이 나타났습니다.

[24] 저는 <u>長男</u>입니다.

[25] 빈칸에 <u>姓名</u>을 적어 주세요.

[26] <u>弟子</u>들은 스승님께 감사의 편지를 썼습니다.

[27] 환자의 <u>生命</u>을 살리는 의사가 되고 싶습니다.

[28] 저의 <u>祖父</u>는 고향에 계십니다.

[29] 우리 마을에는 <u>名所</u>가 많습니다.

[30] <u>校內</u> 강당에서 그림 전시회가 열렸습니다.

[31] 우리 마을의 우두머리는 <u>村長</u>님입니다.

[32] 내일은 <u>市立</u> 도서관에 공부하러 갑니다.

[문제 33-52] 다음 漢字한자**의 訓**(훈: 뜻)**과 音**(음: 소리)**을 쓰세요.**

---〈 보기 〉---
字 ⇒ 글자 자

[33] 家

[34] 動

[35] 登

[36] 民

[37] 不

[38] 北

[39] 世

[40] 重

[41] 主

[42] 安

[43] 天

[44] 土

〈계속〉

[45] 前

[46] 正

[47] 足

[48] 孝

[49] 火

[50] 旗

[51] 來

[52] 問

[문제 53-54] 다음 밑줄 친 漢字語한자어를 〈보기〉
에서 골라 그 번호를 쓰세요.

〈 보기 〉
① 洞口　　② 同時　　③ 入口　　④ 出口

[53] 할머니는 동구 밖까지 나오셔서 우리를 배
웅해 주셨습니다.

[54] 극장 입구를 찾지 못해 한참을 헤맸습니다.

[문제 55-64] 다음 訓(훈: 뜻)과 音(음: 소리)에 맞는
漢字한자를 〈보기〉에서 골라 그 번호를 쓰세요.

〈 보기 〉
① 空　　② 門　　③ 林　　④ 先　　⑤ 道
⑥ 少　　⑦ 外　　⑧ 小　　⑨ 力　　⑩ 文

[55] 글월 문

[56] 작을 소

[57] 적을 소

[58] 힘 력

[59] 길 도

[60] 문 문

[61] 수풀 림

[62] 먼저 선

[63] 바깥 외

[64] 빌 공

〈계속〉

[문제 65-66] 다음 漢字한자의 상대 또는 반대되는 漢字한자를 〈보기〉에서 골라 그 번호를 쓰세요.

〈보기〉
① 入　② 外　③ 室　④ 學

[65] 敎 ↔ (　　)

[66] 出 ↔ (　　)

[문제 67-68] 다음 뜻에 맞는 漢字語한자어를 〈보기〉에서 찾아 그 번호를 쓰세요.

〈보기〉
① 國立　② 自立　③ 軍歌　④ 校歌

[67] 군사들의 기운을 높이기 위해 부르는 노래.

[68] 남에게 의지하지 않고 스스로 일어섬.

[문제 69-70] 다음 漢字한자의 진하게 표시한 획은 몇 번째 쓰는지 〈보기〉에서 찾아 그 번호를 쓰세요.

〈보기〉
① 첫 번째　　② 두 번째
③ 세 번째　　④ 네 번째
⑤ 다섯 번째　⑥ 여섯 번째
⑦ 일곱 번째　⑧ 여덟 번째
⑨ 아홉 번째　⑩ 열 번째

[69]

[70]

♣ 수고하셨습니다.

〈끝〉

7級	70문항	50분 시험	시험 일자: 20◯◯. ◯◯. ◯◯.

* 성명과 수험 번호를 쓰고 문제지와 답안지는 함께 제출하세요.

성명 _____ 수험 번호 ☐☐☐-☐☐-☐☐☐☐

[문제 1-32] 다음 밑줄 친 漢字語한자어의 音음을 쓰세요.

⟨ 보기 ⟩
漢字 ⇒ 한자

[1] 할아버지는 農事를 짓습니다.

[2] 우리 가족은 動物을 사랑합니다.

[3] 우리는 休日 아침에 축구를 합니다.

[4] 우리 엄마는 有名한 화가입니다.

[5] 형의 장래 희망은 歌手입니다.

[6] 매일 친구와 함께 登校를 합니다.

[7] 동생은 來年에 초등학교를 갑니다.

[8] 잃어버린 물건을 찾자 安心이 되었습니다.

[9] 인간은 동물과 달리 直立 보행을 합니다.

[10] 正面에 보이는 건물이 체육관입니다.

[11] 저 언덕을 넘으면 平地가 나옵니다.

[12] 화장실 空間이 너무 좁았습니다.

[13] 나에게는 所重한 친구가 있습니다.

[14] 선생님께 감사의 便紙를 썼습니다.

[15] 長文의 편지글을 읽었습니다.

[16] 심청의 孝心에 감동했습니다.

[17] 이름을 正字로 써 주세요.

[18] 시험 문제를 푸는 데 시간이 不足합니다.

[19] 어른들을 만나면 먼저 人事합니다.

[20] 그는 힘든 氣色 없이 봉사를 했습니다.

[21] 삼촌은 씩씩한 海軍입니다.

[22] 우리 팀은 全力을 다해 싸웠습니다.

[23] 거리 응원에 수많은 市民이 참여했습니다.

[24] 여행 日記를 모아 책으로 만들었습니다.

[25] 우리나라 國旗는 태극기입니다.

[26] 우리 마을에는 작은 工場이 있습니다.

[27] 立春이 되니 날씨가 따뜻해졌습니다.

[28] 아름다운 自然을 지켜야 합니다.

[29] 秋夕날 아침에 차례를 지냈습니다.

[30] 고전에는 先人들의 지혜가 담겨 있습니다.

[31] 영화를 보며 外國語를 공부했습니다.

[32] 학교에서 千字文을 배웠습니다.

[문제 33-52] 다음 漢字한자의 訓(훈: 뜻)과 音(음: 소리)을 쓰세요.

〈 보기 〉
字 ⇒ 글자 자

[33] 小

[34] 道

[35] 門

[36] 林

[37] 江

[38] 東

[39] 洞

[40] 里

[41] 王

[42] 活

[43] 花

[44] 後

〈계속〉

[45] 育

[46] 弟

[47] 五

[48] 室

[49] 時

[50] 上

[51] 中

[52] 住

[문제 53-54] 다음 밑줄 친 漢字語한자어를 〈보기〉에서 골라 그 번호를 쓰세요.

〈 보기 〉
① 正直　② 記事　③ 植物　④ 每事

[53] 우리 집 가훈은 정직입니다.

[54] 그는 실수를 하지 않기 위해 매사에 신중하게 행동했습니다.

[문제 55-64] 다음 訓(훈: 뜻)과 音(음: 소리)에 맞는 漢字한자를 〈보기〉에서 골라 그 번호를 쓰세요.

〈 보기 〉
① 夏　② 下　③ 數　④ 邑　⑤ 命
⑥ 主　⑦ 電　⑧ 登　⑨ 百　⑩ 話

[55] 셈 수

[56] 여름 하

[57] 목숨 명

[58] 아래 하

[59] 말씀 화

[60] 일백 백

[61] 주인 주

[62] 고을 읍

[63] 번개 전

[64] 오를 등

〈계속〉

[문제 65-66] 다음 漢字_{한자}의 상대 또는 반대되는 漢字_{한자}를 〈보기〉에서 골라 그 번호를 쓰세요.

〈보기〉
① 外 　② 少 　③ 有 　④ 所

[65] 內 ↔ (　　)

[66] 老 ↔ (　　)

[문제 67-68] 다음 뜻에 맞는 漢字語_{한자어}를 〈보기〉에서 찾아 그 번호를 쓰세요.

〈보기〉
① 登校 　② 登場 　③ 場所 　④ 草食

[67] 주로 풀을 먹고 삶.

[68] 어떤 일이 이루어지거나 일어나는 곳.

[문제 69-70] 다음 漢字_{한자}의 진하게 표시한 획은 몇 번째 쓰는지 〈보기〉에서 찾아 그 번호를 쓰세요.

〈보기〉
① 첫 번째 　② 두 번째
③ 세 번째 　④ 네 번째
⑤ 다섯 번째 　⑥ 여섯 번째
⑦ 일곱 번째 　⑧ 여덟 번째
⑨ 아홉 번째 　⑩ 열 번째

[69]

秋

[70]

物

♣ 수고하셨습니다.

〈끝〉

| 수험번호 | □□□-□□-□□□□ | | 성명 | □□□□ |

| 생년월일 | □□□□□□ | ※ 유성 사인펜, 붉은색 필기구 사용 불가. |

※ 답안지는 컴퓨터로 처리되므로 구기거나 더럽히지 마시고, 정답 칸 안에만 쓰십시오. 글씨가 채점란으로 들어오면 오답 처리가 됩니다.

제1회 한자능력검정시험 7급 답안지(1)

답안란		채점란		답안란		채점란		답안란		채점란	
번호	정답	1검	2검	번호	정답	1검	2검	번호	정답	1검	2검
1				12				23			
2				13				24			
3				14				25			
4				15				26			
5				16				27			
6				17				28			
7				18				29			
8				19				30			
9				20				31			
10				21				32			
11				22				33			

감독위원	채점위원(1)		채점위원(2)		채점위원(3)	
(서명)	(득점)	(서명)	(득점)	(서명)	(득점)	(서명)

※ 뒷면으로 이어짐

※ 본 답안지는 컴퓨터로 처리되므로 구겨지거나 더럽혀지지 않도록 조심하시고 글씨를 칸 안에 또박또박 쓰십시오.

제1회 한자능력검정시험 7급 답안지(2)

번호	정답	1검	2검	번호	정답	1검	2검	번호	정답	1검	2검
34				47				60			
35				48				61			
36				49				62			
37				50				63			
38				51				64			
39				52				65			
40				53				66			
41				54				67			
42				55				68			
43				56				69			
44				57				70			
45				58							
46				59							

| 수험번호 | □□□-□□-□□□□ | | 성명 | □□□□□ |

생년월일 □□□□□□ ※ 유성 사인펜, 붉은색 필기구 사용 불가.

※ 답안지는 컴퓨터로 처리되므로 구기거나 더럽히지 마시고, 정답 칸 안에만 쓰십시오. 글씨가 채점란으로 들어오면 오답 처리가 됩니다.

제2회 한자능력검정시험 7급 답안지(1)

답안란		채점란		답안란		채점란		답안란		채점란	
번호	정답	1검	2검	번호	정답	1검	2검	번호	정답	1검	2검
1				12				23			
2				13				24			
3				14				25			
4				15				26			
5				16				27			
6				17				28			
7				18				29			
8				19				30			
9				20				31			
10				21				32			
11				22				33			

감독위원	채점위원(1)		채점위원(2)		채점위원(3)	
(서명)	(득점)	(서명)	(득점)	(서명)	(득점)	(서명)

※ 뒷면으로 이어짐

※ 본 답안지는 컴퓨터로 처리되므로 구겨지거나 더럽혀지지 않도록 조심하시고 글씨를 칸 안에 또박또박 쓰십시오.

제2회 한자능력검정시험 7급 답안지(2)

번호	정답	1검	2검	번호	정답	1검	2검	번호	정답	1검	2검
34				47				60			
35				48				61			
36				49				62			
37				50				63			
38				51				64			
39				52				65			
40				53				66			
41				54				67			
42				55				68			
43				56				69			
44				57				70			
45				58							
46				59							

(답안란 / 채점란)

※ 본 답안지는 컴퓨터로 처리되므로 구겨지거나 더럽혀지지 않도록 조심하시고 글씨를 칸 안에 또박또박 쓰십시오.